# SPANISH

## COMPREHENSIVE PRACTICE AND TESTING

### SECOND EDITION

Speaking
Listening Comprehension
Reading Comprehension
Writing

## STEPHEN L. LEVY

Head, Foreign Language Department
Roslyn (New York) Public Schools

AMSCO SCHOOL PUBLICATIONS, INC.
315 Hudson Street / New York, N.Y. 10013

## CASSETTES

The Cassette program comprises 4 two-sided cassettes. The voices are those of native speakers of Spanish.

The following materials are included on the cassettes:

- The 8 sample sequences for the Oral Communication Tasks in the *Teacher's Manual and Key*.

- The 80 listening-comprehension passages in the *Teacher's Manual and Key*. Each passage is spoken twice and is followed by a pause for student response.

The Cassettes (Ordering Code N 562 C) are available separately from the publisher.

*Para Goldito, Jeremy y Morgan*
*. . . con amor.*

Please visit our Web site at:

*www.amscopub.com*

When ordering this book, please specify: either **R 562 P** or SPANISH COMPREHENSIVE PRACTICE AND TESTING, SECOND EDITION

**ISBN 0-87720-128-5**

PRINTED IN THE UNITED STATES OF AMERICA

# PREFACE

SPANISH COMPREHENSIVE PRACTICE AND TESTING, SECOND EDITION is designed for students who are completing or have completed the equivalent of three units of high-school Spanish. The book aims to help students develop and demonstrate their knowledge and mastery of Spanish through a variety of speaking, listening, reading, and writing exercises.

For teachers, this book contains supplementary materials that can be used in the development and evaluation of the four skills. The variety of materials for each skill affords the teacher a wide selection for practice and testing. Passages may be individualized in keeping with the proficiency levels of the students and in developing each student's speaking, listening, reading, and writing skill by assigning different passages to different students.

The passages in this text are grouped by skill (speaking, listening, reading, writing). The scope of the vocabulary and structures is broad enough to help students increase their active and passive vocabularies in Spanish as well as improve their level of listening and reading comprehension and their ability to express their ideas in writing. The oral communication tasks for speaking are eminently suitable for audiolingual practice and testing as well as cooperative learning activities. Throughout the book, the themes and vocabulary deal with contemporary life in Hispanic countries and with current issues.

Some practice materials may appear to be more difficult than those encountered in a formal comprehensive test. This somewhat higher gradation is designed to intensify the preparation by students and familiarize them with the variety of test items that are currently used. The basic purpose of this book is to challenge students in order to bring them to their highest level of excellence in preparation and performance.

A Teacher's Manual and Key, available separately, includes the oral-communication tasks, listening-comprehension passages, sample responses, and a complete answer key.

S.L.L.

# CONTENTS

# PART 1

## Speaking:
## *Oral Communication Tasks*

**Y**our teacher will administer a series of communication tasks. Each task prescribes a simulated conversation in which you play yourself and the teacher assumes the role indicated in the task.

Each task requires six utterances on your part. An utterance is any spoken statement that is comprehensible and appropriate and leads to accomplishing the stated task. Assume that in each situation you are speaking with a person who speaks Spanish.

# PART 2

## Listening Comprehension

 **MULTIPLE CHOICE (ENGLISH)**

Part 2a consists of a series of questions. For each question, you will hear some background information in English. Then you will hear a passage in Spanish *twice*, followed by a question in English. Listen carefully. After you have heard the question, read the question and the four suggested answers in your book. Choose the best suggested answer and write its number in the space provided.

1   What event is being announced?

    1. A street fair.        3. A parade.
    2. A circus performance.    4. A political rally.

2   What does Aerolíneas Transcontinente offer?

    1. A free tour package information service.
    2. Introductory fares for families.
    3. A special Spanish-speaking reservation service.
    4. Daily around-the-clock shuttle flights.

3   Why did Enrique call?

    1. To announce his promotion.
    2. To congratulate Mercedes.
    3. To invite Mercedes to a birthday party.
    4. To give the results of an election.

3

**4**  What is the purpose of this announcement?

1. To wish a new team good luck in their first game.
2. To encourage the team's fans to go to the games.
3. To recognize their sponsorship of the team.
4. To applaud the team's victories during the season.

**5**  What is "Flor de Mayo"?

1. A department store.
2. A shoe salon.
3. A clothing store.
4. A jewelry store.

**6**  What effect did the fog have?

1. It caused a plane crash.
2. It forced motorists to abandon their cars.
3. It affected all means of transportation.
4. It closed three airports.

**7**  For whom is this announcement?

1. Older people with medical problems.
2. People who suffer hair loss.
3. Young people who dye their hair.
4. A new generation of consumers.

**8**  What is unusual about this church?

1. Mass is celebrated every day but one.
2. The parishioners officiate at the mass.
3. The church holds only one person.
4. It has the largest congregation in Spain.

**9**  What did most consumer complaints deal with?

1. Services.
2. Toys.
3. Rent.
4. Food.

**10**  What is Dr. Hernández's specialty?

1. Medical malpractice.
2. Immigration law.
3. Religious questions.
4. Domestic problems.

**11** What type of television program is being announced?

    1. A game show.      3. A call-in talk show.
    2. A musical review.   4. A shop-at-home show.

**12** What type of programs will this channel offer?

    1. Variety shows.      3. News.
    2. Interviews.        4. Documentaries.

**13** What does the general manager announce?

    1. The site of a religious festival during Holy Week.
    2. The receipt of a donation of 30 million pesetas.
    3. The requirements for opening the amusement park.
    4. The total cost of constructing Tívoli.

**14** What will take place in the Plaza de la Constitución?

    1. A blood drive by the Red Cross.
    2. A mock disaster.
    3. A special assembly of young people.
    4. A political rally.

**15** Why should a person go to the kiosk?

    1. To reserve theater tickets.
    2. To obtain a train schedule.
    3. To meet one's friends.
    4. To buy newspapers and magazines.

**16** What type of program is being sponsored?

    1. Family planning.    3. Literacy.
    2. Antidrug.         4. Anticrime.

**17** Who should respond to this announcement?

    1. Those interested in the college course given by the mayor.
    2. Those interested in working in a bank.
    3. Those interested in a job in the financial district.
    4. Those interested in obtaining financial aid for their studies.

**18** What should the listener do?

    1. Synchronize the time on his watch at the signal.
    2. Adjust the time on his clocks at midnight on Saturday.
    3. Be aware of the new railroad time schedules.
    4. Move the clocks ahead one hour at noon.

**19** What does this announcement publicize?

    1. The new hours of the public library.     3. A travel-poster show.
    2. A photography exhibit.     4. A snapshot contest.

**20** What is "La Estancia Pampa"?

    1. A deep-sea fishing boat.     3. A specialty-food shop.
    2. A seaside resort.     4. A restaurant.

**21** What is being organized?

    1. A special school for science and mathematics.
    2. A mathematics contest.
    3. A workshop in math and physics.
    4. A guide for solving mathematical problems.

**22** What will take place this afternoon?

    1. A bullfight.     3. A race.
    2. A religious festival.     4. A driving competition.

**23** What does this company offer?

    1. A telephone beeper service.
    2. An answering machine for portable telephones.
    3. A repair contract for all kinds of mobile telephones.
    4. An advanced-model mobile telephone.

**24** What is unusual about this sculpture?

    1. Its location.     3. The material used to create it.
    2. Its height.     4. The critics' opinion of it.

**25** Who will perform in this play?

    1. Retired actors.     3. Professional actors.
    2. High-school students.     4. Alumni of the school.

**26** Who would benefit the most from buying this publication?

1. Teachers.
2. Designers.
3. Parents.
4. Students.

**27** What is the focus of this message?

1. The erosion of the earth's natural resources.
2. The ills caused by the pollution of the atmosphere.
3. The negative power of the sun.
4. New discoveries dealing with the ozone layer.

**28** What is the purpose of this announcement?

1. To offer a special sale.
2. To advise shoppers that the store will close in 30 minutes.
3. To announce the opening of additional cashier lines.
4. To welcome shoppers to the store.

**29** To whom is this announcement directed?

1. To people following a special diet.
2. To people who want to lose weight.
3. To people who work in the food industry.
4. To people who exercise regularly.

**30** What is the medical specialty of this doctor?

1. Surgery.
2. Nutrition.
3. Treatment of burns.
4. Physical therapy.

**31** What was the cause of this commotion?

1. An explosion.
2. A bomb.
3. A fire.
4. An earthquake.

**32** Why is La Orquesta Aragón so popular?

1. It was formed at the time of the revolution.
2. Other musical groups support it.
3. The musicians are dedicated to playing well.
4. It favors music filled with nostalgia.

33 What is this student proud of?

1. The conservation of Spanish traditions.
2. The strolling minstrels of his university.
3. The results of the International Meeting of Tunas.
4. The celebration of Arequipa's anniversary.

34 What is forecast about this hurricane?

1. It is gaining momentum.
2. It is moving out to sea.
3. It is joining another tropical storm.
4. Its winds continue to be a major threat.

35 How did this mother help educate her children?

1. She read to them each night.
2. She bought them as many books as they wanted.
3. She gave them money to read to each other.
4. She paid them for each book they read.

36 What does this cyclist announce?

1. His return to racing from retirement.
2. A new team and director will work with him.
3. He plans to withdraw from this year's "Vuelta de España."
4. His interest in serving as a trainer for young cyclists.

37 What was avoided?

1. An in-flight disaster.
2. A fire at the Quito airport.
3. The abandonment of a two-year-old boy.
4. A ten-minute delay in takeoff.

38 Why was he unable to work today?

1. His computer had been stolen.
2. A computer virus was discovered.
3. His office was moved to a new location.
4. The computer network was very busy.

**39** What is this person reviewing?

1. A singer's performance.
2. A bullfight.
3. A parade.
4. A dance program.

**40** Who would benefit the most from using this product?

1. Sports enthusiasts.
2. Hunters.
3. Swimmers and sea travelers.
4. Pilots.

**41** Why are these young people angry?

1. The airline lost their baggage.
2. Their trip was canceled.
3. The travel organization lied about the trip.
4. The purpose of their trip was not to study.

**42** Why is this man complaining?

1. The tourists have ruined his business.
2. The sale of ice cream has decreased substantially.
3. The competition is fierce this year.
4. Other desserts have replaced the popularity of ice cream.

**43** What is his opinion of the films shown?

1. They were classics in their time.
2. They were carefully chosen by the producers.
3. The film quality was poor and hard to watch.
4. The selection was unimpressive and boring.

**44** What has stirred up the world of archaeology?

1. The theft of a holy relic.
2. The discovery of a unique statue.
3. The duplication of an antique figure.
4. The years spent on a fruitless dig.

**45** What type of program was she watching?

1. A detective story.
2. A science-fiction program.
3. A soap opera.
4. A situation comedy.

**46** Why did the people take the flowers?

1. To bring them good luck.      3. To put them on the altar.
2. To offer them to the saint.      4. To sell as souvenirs.

**47** What do many young Spaniards think about military service?

1. It helps them to grow professionally.
2. It prepares them for new careers.
3. It interrupts study or career plans.
4. It is beneficial to the nation.

**48** When is the problem described most prevalent?

1. After spending a lot of time outdoors.
2. During the winter months.
3. Following intensive exercising.
4. While sitting in movie theaters.

**49** What does your friend suggest you do?

1. Buy an instant camera.
2. Ask your grandfather to help you.
3. Take a picture of the object.
4. Return the object to the store.

**50** What is this city planning?

1. Daily collection of refuse.      3. To collect newspapers weekly.
2. To use only plastic garbage pails.      4. A recycling program.

# 2b MULTIPLE CHOICE (SPANISH)

Part 2b also consists of a series of questions. For each question, you will hear some background information in English. Then you will hear a passage in Spanish *twice*, followed by a question in Spanish. Listen carefully. After you have heard the question, read the question and the four suggested answers in your book. Choose the best suggested answer and write its number in the space provided.

**1** ¿Qué noticia hay sobre la ciudad de Ponce?

1. Ahora, más gente trabaja en Ponce.
2. Los impuestos han subido el 19,6 por ciento.
3. El comercio ha disminuido en Ponce.
4. El 4 por ciento de los ponceños trabajan.

**2** ¿Qué se celebró en este pueblo?

1. Un festival religioso.
2. Una exposición de animales pastorales.
3. Una carrera de religiosas.
4. Una reunión eclesiástica.

**3** ¿Qué piensan hacer con la finca de la Concepción?

1. Un parque público.
2. Un club deportivo.
3. Un museo de arquitectura.
4. Un parque de atracciones.

**4** ¿Qué piensan hacer con esta casa cervantina?

1. La van a derrumbar.
2. La van a restaurar.
3. La van a convertir en biblioteca.
4. La van a vender a unos arquitectos.

**5** ¿Qué pueden esperar los habitantes de Madrid?

1. Un servicio mejor de electricidad.
2. Ningún cambio en las tarifas eléctricas.
3. Un descuento en las cuentas de electricidad.
4. Un aumento en los precios de la electricidad.

**6** ¿Qué sugiere este amigo?

1. Comprar la última cinta de este grupo.
2. Ver la actuación del grupo en la televisión.
3. Buscar boletos en otras partes.
4. Cancelar sus planes de asistir a la actuación.

**7** ¿Cuál fue el propósito de este espectáculo?

1. Reunir a muchos músicos internacionales.
2. Reconocer a un personaje célebre.
3. Llevar a cabo una gran tradición latina.
4. Otorgar premios a los músicos hispanos.

**8** ¿Qué clase de programa van a presentar?

1. Una telenovela.
2. Un reportaje deportivo.
3. Una revista noticiera.
4. Un documental.

**9** ¿Qué cambios se han notado en la industria cinematográfica **mexicana**?

1. Muchos cines han cerrado.
2. Presentan más variedad de temas en las películas.
3. Importaron más películas extranjeras últimamente.
4. La industria ha mejorado en los últimos meses.

**10** ¿Qué es lo curioso de esta noticia?

1. Hay cambios de clima inesperados.
2. Hubo muchos choques automovilísticos.
3. Las agencias de turismo tuvieron que cambiar sus anuncios.
4. La naturaleza sigue trayendo buen tiempo a California.

**11** ¿Qué noticia se escuchó en la radio?

1. Siguen los embotellamientos de tráfico en la capital.
2. La huelga de autobuses durará 22 días más.
3. Los líderes se niegan a volver a la mesa de negociaciones.
4. Volvió a funcionar el servicio de autobuses públicos.

**12** ¿Qué describe esta persona?

1. Un evento milagroso.
2. Una excursión al campo.
3. Un viaje en avión.
4. Una competencia deportiva.

**13** ¿De qué hablan los señores?

1. De una falta de interés en la lotería.
2. De una competencia fuerte entre varias loterías.
3. De la disminución de los premios sacados en la lotería.
4. De la introducción de nuevas leyes con respecto a la lotería.

**14** ¿Qué señaló este estudio?

1. La mujer tiene un papel más importante en los libros de texto actuales.
2. Han desaparecido casi por completo los estereotipos sexistas de los libros de texto.
3. El sexismo sigue siendo fuerte en los libros de texto actuales.
4. El uso de ejemplos e imágenes masculinos ha disminuido en los textos.

**15** ¿Cuál fue el propósito de esta concurrencia?

1. Honrar a la mujer.
2. Elogiar el papel de la mujer soviética en la sociedad.
3. Brindar por las relaciones mexicano-soviéticas.
4. Menospreciar los logros de la mujer en el mundo de hoy.

**16** ¿Qué cambio se ha notado en la industria cosmética?

1. Ha disminuido el número de gimnasios.
2. Los productos nuevos se limitan al cuidado de la cara.
3. Hay más énfasis en el desarrollo de productos para todo el cuerpo.
4. Ciertos productos se producen sólo para el mercado europeo.

**17** ¿Qué les preocupa a los hombres mayores de 40 años?

1. Perder el cabello.
2. No poder adelgazar fácilmente.
3. Tener que seguir un régimen aburrido.
4. No poder practicar sus deportes favoritos.

**18** ¿Qué anunció el noticiero deportivo?

1. Un grupo de alpinistas españoles ha subido el pico más alto del mundo.
2. La zona fronteriza entre Nepal y el Tibet estará cerrada en septiembre.
3. Un centro excursionista piensa comprar un terreno cerca del Tibet.
4. Varias mujeres españolas se preparan para ascender un pico altísimo.

**19** ¿Qué tiene de interés este partido de baloncesto?

1. Los jugadores de uno de los equipos son mujeres.
2. Es un partido de campeonato.
3. Hay mucha diferencia entre las edades de los jugadores.
4. Los jugadores de un equipo son los hijos de los rivales.

**20** ¿Cuál fue el propósito de este programa?

1. Repasar lo que los alumnos aprendieron en la clase durante el año.
2. Proveer oportunidades de usar el idioma en situaciones cotidianas.
3. Presentar un programa intensivo sobre toda la cultura hispana.
4. Usar cintas magnéticas para mejorar la fluidez y la pronunciación de los alumnos.

**21** ¿Qué causó este accidente?

1. Un movimiento agresivo del domador.
2. La falta de cooperación de una de las fieras.
3. Un ruido espantoso del público.
4. La aparición del esposo de la dueña del circo en la jaula.

**22** ¿Qué explica esta persona?

1. Cómo entrenar a un perro.
2. Cómo mejorar las relaciones entre los niños y los perros.
3. Cómo comunicarse con un perro en la presencia de niños.
4. Cómo mantener el equilibrio en la casa.

**23** ¿Por qué fueron a otro hotel?

1. El primer hotel quebró.
2. Hubo un incendio en el hotel.
3. Alistaban el hotel para renovarlo.
4. El otro hotel era más económico.

**24** ¿Cuál es el propósito del viaje de esta artista dominicana?

1. Radicarse en México.
2. Trabajar en el cine.
3. Promover su trabajo.
4. Arrimarse a su familia.

**25** ¿Cuál es el propósito de este proyecto?

1. Instruir a los hispanohablantes en el uso de computadoras.
2. Proveer información fácilmente a los adultos de habla española.
3. Enseñar a la gente a leer por medio de un programa de computadora.
4. Hacer disponibles las obras de Cervantes en disquetes de computadora.

**26**  ¿Cómo encontró la ciudad de Barcelona?

1. Llena de vida y alegría.
2. Abandonada por los efectos del calor.
3. Brindando la bienvenida a las actividades veraniegas.
4. Un ejemplo perfecto del espíritu catalán.

**27**  ¿Qué es el «córdoba oro»?

1. Un periódico sobre la economía.
2. Monedas antiguas de Nicaragua.
3. Un banco nicaragüense.
4. Nuevo dinero en circulación.

**28**  ¿Qué piensa el crítico de las películas que se dan en los cines actualmente?

1. Faltan las tragicomedias.
2. Las antiguas superan a las nuevas.
3. Hay un exceso de comedias.
4. La violencia es el tema predilecto.

**29**  ¿A qué se debe la popularidad del expresionismo abstracto entre los mexicanos?

1. Es una forma de arte importada del exterior.
2. Refleja el deseo de los mexicanos de enfrentarse con el futuro.
3. Les gusta la influencia europea en la vida cotidiana.
4. Este estilo fue inspirado por las antiguas culturas indígenas de México.

**30**  ¿Qué acto llevó a cabo el rey?

1. Salvó a dos chicas que se ahogaban.
2. Entrenó al equipo de su barco.
3. Dio comienzo oficial a las regatas.
4. Organizó el rescate de su servicio de seguridad.

# PART 3

# Reading Comprehension

 **LONG CONNECTED PASSAGES (MULTIPLE CHOICE, SPANISH)**

Part 3a consists of a series of passages. After each passage, there are five questions or incomplete statements in Spanish. For each, choose the expression that best answers the question or completes the statement *according to the meaning of the passage* and write its *number* in the space provided.

1 Una casa-fortín fue descubierta en las cercanías de la localidad turística de Pucón, 780 kilómetros al sur de Santiago, Chile. Según los historiadores, perteneció a un compañero de armas del conquistador español Pedro de Valdivia. Los trabajos de excavación están a cargo de un arqueólogo chileno. En declaraciones al diario de Santiago dijo que tardó dos años en precisar la naturaleza del descubrimiento.

Los análisis de trozos de tejas de barro realizados en el laboratorio de termoluminiscencia de la Universidad Católica dieron como fecha de fabricación el año 1555, con un margen de error de unos 35 años. El arqueólogo señaló que, al parecer, la casa-fortín fue abandonada por su propietario a raíz de un gran levantamiento indígena en 1599, cuando el jefe de la plaza de Villarrica, Rodrigo de Bastidas, ordenó a todos los españoles concentrarse en ese punto para una mejor defensa. Los guerreros araucanos ocuparon el lugar y lo incendiaron, según el juicio del arqueólogo.

La casa-fortín fue descubierta hace varios años por los propietarios actuales, quienes autorizaron los trabajos científicos, realizados desde entonces con financiación de la Comisión Nacional de Investigación Científica y Tecnológica, entidad que este año no aprobó fondos para la continuación de los trabajos. En los últimos meses, los trabajos contaron con recursos aportados por la Universidad de la Frontera, con sede en la ciudad de Temuco, capital de la región de la Araucanía, pero el dinero se agotó. Los trabajos realizados hasta ahora permitieron descubrir las ruinas de cinco construcciones, rodeadas por un muro y una fosa, dentro de un cuadrado de 125 por 125 metros.

La mayor de las construcciones corresponde a la casa del encomendero y consta de dos grandes habitaciones de tres piezas cada una, con techumbre de barro, a diferencia de las otras que tenían techo vegetal, seguramente de totora, una planta típica. Otra de las edificaciones corresponde a una capilla y contiene, además, el mausoleo de la familia, en el cual fueron descubiertos cinco sepulturas, una de las cuales, dirigida hacia el altar, corresponde, presuntamente, al encomendero.

**1** ¿Qué se descubrió en las afueras de Pucón?

1. Un lugar turístico de los conquistadores.
2. Un campo de guerra de los araucanos.
3. La casa del conquistador Pedro de Valdivia.
4. Un edificio que data de la época de los conquistadores.

**2** ¿Por qué fue abandonada esta propiedad?

1. Los españoles volvieron a España.   3. Hubo un incendio.
2. Los indios la iban a atacar.   4. Tardó más de 35 años en construirse.

**3** Las investigaciones científicas se suspendieron porque...

1. se acabó el dinero.
2. los científicos terminaron su trabajo.
3. nadie se interesaba más en la obra.
4. los propietarios querían vender la casa.

**4** ¿Cómo se destacó la casa del encomendero?

1. Por el tamaño del edificio.   3. Por unos adornos que encontraron.
2. Por su techo vegetal.   4. Por unos toques religiosos.

**5** ¿Qué encontraron en otro de los edificios?

1. Un altar de sacrificios indios.
2. Joyas hechas por los indios.
3. Las tumbas de la familia del encomendero.
4. Restos de los guerreros araucanos.

**2** Poco después de sonar la alarma de peligro, dos coches de bomberos, escoltados por varios motoristas del Cuerpo Nacional de la Policía, llegaron al colegio «El Canario» donde ya se estaba llevando a cabo la primera parte del plan de seguridad. Los cerca de 560 niños, previamente avisados, salieron en orden de sus aulas y se situaron en el patio de recreo. Allí se les informó a los profesores de la junta de mando qué alumnos faltaban. Se tardó dos minutos y diez segundos en desalojar el edificio en el que un policía colocó un bote de humo que simulaba el fuego. El despliegue que supuso la llegada del coche de bomberos junto al brazo-escalera recién adquirido atrajo a muchos curiosos que, junto a las madres de los chicos, asistieron al espectáculo de extinción del incendio y salvamento de niños «atrapados» en el tejado.

El jueves anterior al día del simulacro, los bomberos responsables de este plan de seguridad dieron clases a los alumnos de los cursos tercero y quinto de este centro, y al mismo tiempo crearon la junta de mando formada por profesores y el conserje. La junta estaba auxiliada por varios alumnos del colegio. De esta forma, estuvo ayer todo dispuesto para llevar a cabo el simulacro de salvamento y evacuación con el que los funcionarios del cuerpo de bomberos pretenden inculcar nociones de autodefensa en caso de siniestros. Este plan incluye otros tipos de actividades y simulacros semejantes en varios centros del municipio, pero el de ayer sirvió para comprobar que el experimento puede tener éxito.

La parte más divertida para los chicos fue cuando el patio de «El Canario» quedó totalmente inundado de espuma con la que pudieron jugar largo rato. Cada acto estuvo en todo momento programado y servirá de base para proyectos semejantes.

**1** ¿Por qué sonó la alarma?

1. Había un incendio en el colegio.  3. Probaban un plan de seguridad.
2. Había un lío en la escuela.  4. Llamaban a los motoristas.

**2** ¿Qué hicieron en el patio de recreo?

1. Pasaron lista.
2. Les dieron tareas a los alumnos.
3. Dejaron que los niños jugaran.
4. Buscaron a los alumnos que faltaban.

**3** ¿Qué hacían unos alumnos en el techo del colegio?

1. Pedían ayuda.  3. Atraían a un público de curiosos.
2. Fingían estar atrapados.  4. Echaban botes de humo.

**4** ¿Qué hicieron los bomberos un día de la semana anterior?

1. Prepararon los vehículos de socorro.
2. Evacuaron la casilla de bomberos.
3. Inculcaron la importancia de esta prueba en los bomberos.
4. Prepararon a los alumnos para el simulacro.

**5** Los niños se entretenían con...

1. los instrumentos de los bomberos.  3. la inundación de espuma.
2. los botes de humo.  4. los métodos de autodefensa.

**3** ¿Cuándo fue la última vez que Ud. entró en un banco para hacer algún depósito o retiro? Para muchas personas, ir al banco hoy en día no requiere salir de la casa. Basta hacer una llamada telefónica para transferir fondos de una cuenta a otra o pagar alguna cuenta por medios electrónicos. Otras se sientan delante de su computadora personal en su casa u oficina y en unos minutos han ajustado sus cuentas a su gusto. Otras personas van al banco en cualquier día y a cualquier hora del día o de la noche sin llegar a pasar más allá del vestíbulo para hacer sus transacciones bancarias por medio de las cajeras automáticas. Y no importa en qué ciudad del mundo estén en ese momento.

No hace muchos años, ir al banco significaba organizar el horario para poder llegar allí antes de la temprana hora en que se cerrara o esperar hasta el día en que se abrieran los bancos por unas horas en la noche para acomodar a los que trabajaban. Hacer cola para llegar a la caja era una desesperación y muchas veces no se podía hacer dos transacciones en la misma caja. El banco que uno usaba solía estar situado en el barrio en que uno vivía o cerca de donde uno trabajaba. Para tener suficiente dinero en efectivo para el fin de semana, cuando los bancos no estaban en servicio, significaba colas largas los jueves y los viernes. ¡Cuánta gente se ponía a dieta esos días al aprovecharse de la hora de la comida para ir al banco!

Y los servicios que ofrecen los bancos también han cambiado para adaptarse a la agitada vida moderna que llevamos. Anteriormente, al mencionarse la palabra «banco», uno pensaba en una cuenta de ahorros, una cuenta de cheques, un préstamo, una hipoteca o una caja de seguridad. Y los intereses que pagaban los bancos por tener el dinero a su cargo eran fijos y bajos.

Hoy día, uno piensa en esas mismas cosas pero ahora son más accesibles por medio de las cajeras automáticas y otros medios ya mencionados. También los intereses varían según la clase de cuenta que uno tenga y se puede congelar fondos por un período predeterminado para recibir intereses más altos. Los bancos también se han dedicado a negocios de bolsa y se puede comprar acciones por medio de sus departamentos de inversiones.

La competencia ha creado un nuevo mundo bancario. Los tiempos en que se ofrecían obsequios, como tostadoras o radios portátiles, al abrir una cuenta bancaria han cambiado. Hoy día, la mayor atracción es el servicio gratis por tener una cantidad determinada en una variedad de cuentas. Las cajeras automáticas, aunque se comuniquen en varios idiomas al tocar la pantalla o al apretar un botón, han quitado humanidad a un negocio y servicio tan personal. Las palabras «Gracias y tenga un buen día» que aparecen en la pantalla de las cajeras automáticas al terminar una transacción no están al igual de una sonrisa de un ser de carne y hueso dedicado a servir al cliente como representante de una institución bancaria seria y responsable.

**1** ¿Cómo atienden las personas sus cuentas bancarias hoy en día?

1. Compran una computadora personal.
2. Piden la ayuda de algún pariente.
3. Usan los medios electrónicos a su alcance.
4. Hacen cita con el banquero.

**2** ¿Qué caracterizaba el servicio que ofrecían los bancos anteriormente?

1. La falta de personal entrenado.
2. Mucha espera dentro de un horario limitado.
3. Muchos errores aritméticos.
4. La falta de sucursales.

**3** Para que su dinero gane más interés, el usuario debe...

1. aprovecharse de cierto tipo de cuenta.
2. abrir varias cuentas.
3. usar los servicios de un solo banco.
4. pedir una hipoteca.

**4** Hoy día, la competencia se basa en...

1. la cotización de los intereses.
2. ofrecer servicios gratis al cliente.
3. obsequiar regalos a los clientes.
4. considerar al cliente como accionista.

**5** Según la selección, ¿qué falta hoy día en los servicios bancarios?

1. La rapidez.
2. La exactitud.
3. La responsabilidad.
4. La humanidad.

**4** Desde hace muchos años, el cultivo de plantas y flores exóticas ha sido el pasatiempo predilecto de mucha gente. Y la flor exótica que más les ha llamado la atención a los cultivadores ha sido la bellísima orquídea. Se han fundado sociedades en varios lugares dedicadas a la difícil y estimulante tarea de cultivar y preservar esta espectacular familia de plantas. El propósito de estas organizaciones es el de divulgar todo lo relacionado con el mundo de las orquídeas y de estimular a las comunidades para que se dediquen a cultivar orquídeas.

La orquídea Cattleya es una de las especies más populares y de hecho existen hoy más de mil tipos de cattleyas, porque especialistas se han dedicado a la polinización cruzada, logrando producir innumerables híbridos. En principio, el hombre fue seducido por este género cuyo nombre hace honor al inglés William Cattley, famoso cultivador en cuyos invernaderos floreció, por primera vez, esta exótica planta nacida en las entrañas de la flora brasilera.

Las orquídeas han encontrado espacios fértiles para su crecimiento en todo el planeta. Las regiones árticas, tropicales o templadas son, indistintamente, sus territorios naturales. Pueden encontrarse al nivel del mar o a 15 mil pies de altura sobre el nivel del mar. En el trópico y en las regiones subtropicales crecen sobre los árboles o sobre rocas. Algunas son terrestres y otras subterráneas. Su hábitat varía desde áreas arenosas y secas, hasta la copa de los árboles de los bosques húmedos de las zonas tropicales.

Las exposiciones anuales organizadas por las sociedades dedicadas al cultivo de las orquídeas ofrecen a los visitantes toda la información referente a estas bellas flores. También se organizan charlas y cursos para los interesados. Más interesante aún son los concursos anuales que patrocinan, en los que un reconocido jurado calificador tiene a su cargo la responsabilidad de escoger las flores más representativas para premiarlas. De esta manera, la promoción del cultivo de orquídeas encuentra nuevos estímulos y amigos.

**1** ¿Qué representa el cultivo de flores, como la orquídea, para muchas personas?

    1. Un negocio lucrativo.      3. Una afición divertida.
    2. Un medio de salvar la atmósfera.      4. Una sociedad exótica.

**2** ¿Cuál es la meta de estas sociedades?

    1. Proveer información a los cultivadores.
    2. Experimentar con las plantas y flores.
    3. Estimular el mercado de flores exóticas.
    4. Preservar el cultivo de las plantas.

**3** ¿Qué fama tiene William Cattley?

    1. Fundó la primera sociedad de cultivadores de orquídeas.
    2. Cultivó las orquídeas, por primera vez, fuera de su ambiente natural.
    3. Importó las primeras orquídeas de las selvas del Brasil.
    4. Logró hacer los cruces que produjeron muchos híbridos.

**4** ¿Dónde se encuentran las orquídeas?

    1. Sólo en las regiones tropicales y húmedas.
    2. En cualquier parte del mundo.
    3. En invernaderos como los de Cattley.
    4. Cerca de un río porque necesitan mucha agua.

**5** ¿Qué es lo sobresaliente de las exposiciones anuales?

    1. La exhibición de tantas variedades de orquídeas.
    2. La información que dan a los principiantes.
    3. El cultivo de interés en este pasatiempo.
    4. El juzgar las mejores representaciones de la flor.

**5** Se trata de una generación que nació cuando el «baby boom» se estaba terminando y la natalidad comenzaba a decrecer. En comparación con las otras generaciones, ésta es relativamente poco numerosa. Sus gustos y aspiraciones tienen poco en común con los de sus padres.

Aunque no parecen revolucionarios, los jóvenes de esta generación parecen decididos a romper con los hábitos de sus padres en lo referente a la crianza de los hijos. Esta es la primera generación que ha experimentado lo que significa tener dos padres que trabajan. Y esto dentro de un marco laboral en el que no es obligatorio que las empresas ofrezcan el permiso por maternidad.

Los miembros de esta generación no han sufrido muchas privaciones puesto que se ganaban dos sueldos en casa. Lo que sí han echado de menos ha sido que sus padres les dedicaran tiempo. Por eso, los de esta generación quieren pasar más tiempo con sus hijos. Y no porque piensen que puedan armonizar mejor que sus padres el trabajo y la crianza de los hijos sino porque creen que han sido desatendidos. No se quejan de que les hayan impuesto cosa alguna ni de que les hayan privado de una u otra comodidad. Lo que lamentan es que sus padres no les hayan dedicado tiempo de calidad, algo que no puede ser sustituido ni por regalos ni por bienestar. La ausencia de los padres durante los años de la crianza y la escasez o falta de hermanos han hecho que los jóvenes de esta generación se relacionaran, sobre todo, con profesores y amigos. Además, el dinero ha reforzado aún más la ausencia paterna. Como resultado de esta experiencia, esta generación ha quedado con un temor al compromiso. Muchos están retrasando el momento de casarse, a la espera de encontrar la pareja ideal o de sentirse lo bastante maduros para evitar el divorcio.

Se nota un indicio de ese deseo de dedicarse más a la familia en sus aspiraciones profesionales. No tienen la adicción al trabajo que mostró la generación de los yuppies. No desprecian el dinero pero tampoco lo consideran lo decisivo de un empleo. En el trabajo buscan flexibilidad, participación en la toma de decisiones y respeto sagrado al fin de semana. Y parece que lograrán estos propósitos, ya que, por ser una generación menos numerosa, tendrán más posibilidades de escoger.

**1** El comienzo de esta generación se caracterizó por...

    1. un descenso en el número de nacimientos.
    2. los herederos de la generación anterior.
    3. las aspiraciones de la generación paternal.
    4. unos gustos numerosos y variados.

**2** ¿Por qué se destaca esta generación?

    1. Son revolucionarios.
    2. Gozaron de la dedicación completa de sus padres.
    3. Ambos padres trabajaban.
    4. Piden el derecho al permiso por maternidad.

**3**   ¿Qué quieren lograr los jóvenes de esta generación?

1. Armonizar mejor el trabajo y la crianza de los hijos.
2. Superar las aspiraciones de sus padres.
3. Privar a sus hijos de algunas comodidades.
4. Participar activamente en la crianza de sus hijos.

**4**   Por sentirse desatendidos durante sus años de crianza, estos jóvenes...

1. evitan sus responsabilidades sociales.
2. aplazan el matrimonio.
3. se divorcian con más frecuencia.
4. buscan parejas mayores.

**5**   ¿Qué se nota de las aspiraciones profesionales de esta generación?

1. Tienen adicción al trabajo.
2. Desprecian los sueldos bajos.
3. Sus aspiraciones los consumen.
4. Se diferencian mucho de las de las generaciones anteriores.

**6** ¿Estamos preparados para una catástrofe ecológica? Para evitar que una suceda, hay que movilizar la opinión pública en beneficio de la generación actual y de las venideras.

Con ese fín, la Comunidad Europea ha adoptado numerosas medidas para tratar de reducir los riesgos de catástrofes ecológicas. Según el informe final de la Comisión Mundial sobre Medio Ambiente y Desarrollo, creada por la Asamblea General de las Naciones Unidas, las crisis ecológicas y económicas que amenazan no sólo al bienestar humano, sino a todos los sistemas naturales indispensables para la vida de la Tierra, constituyen un desafío para los gobiernos y los ciudadanos de todo el mundo, que les obliga a encontrar soluciones nuevas a problemas comunes antes de que sea demasiado tarde.

Los documentos que esta comisión ha difundido coinciden en destacar que la mayor parte de los problemas ecológicos y económicos, que hasta hoy han sido abordados por separado, están estrechamente ligados y exigen una intervención concertada a escala mundial.

Últimamente, se han producido graves catástrofes ecológicas en distintas partes del mundo. Cada una ha servido para mantener en suspenso la respuesta a la pregunta sobre las consecuencias concretas para los seres vivientes. Mientras tanto, la lluvia ácida atribuida a las emanaciones sulfurosas de las centrales eléctricas de carbón es acusada de causar la muerte de bosques y el envenenamiento de lagos en Europa y Norteamérica.

Preocupa asimismo a escala mundial el incremento progresivo del anhídrido carbónico en la atmósfera que, según los científicos, podría producir en el siglo próximo un aumento en la temperatura media del planeta, y por lo tanto, un calentamiento que tendría graves consecuencias para todas las formas de vida.

Todo esto no significa que el mundo esté de brazos cruzados ante este problema, que tiene carácter urgente para los europeos. Ya se han tomado algunas medidas para evitar las catástrofes pero nunca se llegarán a resolver los problemas de la conservación del mundo solamente con el dinero. Hay que movilizar la opinión pública en esta cuestión para que cada individuo desempeñe un papel para asegurar la supervivencia de nuestros descendientes.

**1** Según la selección, ¿qué hay que hacer para evitar las catástrofes ecológicas?

    1. Aumentar los impuestos actuales.
    2. Acudir a los recursos de las Naciones Unidas.
    3. Instruir al público sobre el papel de cada ciudadano.
    4. Multar a las industrias culpables.

**2** ¿Qué representa este problema para los gobiernos de todo el mundo?

    1. Una causa perdida.    3. Un reto común.
    2. Un debate político.    4. Una amenaza inconsecuente.

**3** Según los documentos publicados por la comisión establecida, ...

    1. cada país debe tratar los problemas a su manera.
    2. los gobiernos de los países deben unirse.
    3. ya es demasiado tarde para asegurar fines adecuados.
    4. será dificilísimo vigilar las reglas ecológicas que se pondrán en vigor.

**4** ¿Qué ha dado más ímpetu a esta preocupación?

    1. Varias catástrofes en distintas partes del mundo.
    2. Las investigaciones de científicos ecológicos.
    3. La creación de la Comunidad Europea.
    4. Las demostraciones públicas de la ciudadanía.

**5** ¿Cuál es el nuevo temor para el próximo siglo?

    1. La extinción de especies raras de pájaros.
    2. La contaminación de los mares y lagos.
    3. La erosión contínua del suelo.
    4. La ascendiente temperatura media del planeta.

**7** «Yo sé algo que tú no sabes». «Te voy a contar esto sólo porque creo que te conviene saberlo». «No vas a creer lo que te voy a contar». Con estas frases de introducción nace el chisme. La chismografía, tan antigua como la humanidad, ha sido siempre una especie de correo informal que crea un mundo fantasioso e irreal a medida que avanza el chisme en su recorrido. Y siempre hay quienes están dispuestos a participar en ese excitante corredor íntimo que representa invadir la vida privada ajena. Así es que chismear es una actividad natural para muchas personas y la razón del éxito de tantas publicaciones diarias y semanales.

    Por lo general, el portador del chisme se siente poderoso sobre los demás porque sabe algo que los otros no saben ni se pueden imaginar. Y con ese poder estira o suelta la cuerda de la curiosidad humana a su antojo, tal como maneja un titiritero las cuerdas de sus muñecos. Y aunque se practique comunmente, el chismear es una actividad criticada socialmente. Por eso, el chisme suele ser acompañado de expresiones como «Tú eres capaz de guardar un secreto», o «Prométeme que no lo repites». Así el contador del chisme vierte la responsabilidad de los efectos de su lengua suelta en el que oye el chisme.

Según los científicos, hay una explicación sicológica para esta práctica criticada por muchos, pero utilizada por casi todos. Cada persona tiene la necesidad de que su manera de pensar, sus sentimientos y su punto de vista sobre el mundo obtengan la aprobación de sus semejantes. El chisme es el camino corto que emplea cierta gente para sentirse parte de algo. Han comprobado que el acto de transferir o recibir información confidencial permite a las personas expresar sentimientos conscientes o inconscientes, reafirmar sus creencias y crear alianzas con sus semejantes. Esto ayuda a aliviar tensiones sicológicas y a mantener un cierto equilibrio mental en las personas. Contarse cosas ha sido la forma preferida por los seres humanos de entablar contacto social, aunque la noticia que relaten tenga fin bueno o malévolo. ¿Y qué es más agradable, ser el portador del último chisme o ser el primero en escucharlo?

**1** ¿Cuándo nació el arte de la chismografía?

1. Al establecerse el servicio de correo.
2. Al despertar de la humanidad.
3. Al presentar los científicos sus conclusiones.
4. Al salir las primeras revistas chismosas.

**2** ¿Qué sabemos del acto de contar un chisme?

1. Es una acción natural de muchos seres humanos.
2. Tiene su origen en el mundo de la ciencia-ficción.
3. Es más común entre ciertas clases sociales.
4. Se usa más en tiempo de graves conflictos sociales.

**3** Al contar un chisme, el portador se siente...

1. exigente.
2. afortunado.
3. manejado.
4. poderoso.

**4** ¿Qué hace el portador del chisme para evitar la crítica social?

1. Revela la fuente de su información.
2. Exige la alianza del receptor.
3. Niega habérselo contado a nadie.
4. Se lo cuenta a una sola persona.

**5** ¿Qué beneficio sicológico se deriva del chismear?

1. Eleva el sentido de autoestimación.
2. Borra sentimientos inconscientes.
3. Entabla alianzas entre las personas.
4. Confirma los sentimientos antisociales.

**8** Los cinco sentidos con que cuenta el ser humano le permiten reafirmar las atracciones, los deseos y las sensaciones que percibe a través de ellos. Desde tiempos inmemorables, los alquimistas se han dedicado a extractar las más embriagadoras fragancias para satisfacer los más finos gustos del olfato.

El poder de los aromas está corroborado en su historia que es tan antigua como el hombre. Antes de la aparición de los jeroglíficos egipcios, las civilizaciones primitivas manifestaban su adoración a los dioses por medio del humo del incienso quemado, cargado de fragancias. Hasta el origen de la palabra «perfume» se derive de un término que significa «a través del humo». Por medio de las actividades de la emperatriz Cleopatra, el perfume ganó fama aún perdurable como símbolo del amor. Con el tiempo, el poder aromático del perfume se encargó de que éste penetrara en las cortes europeas hasta el punto de convertirlo en un elemento esencial. Grandes mujeres de la historia, como Madame de Pompadour y Josefina, la esposa de Napoleón, consideraban tan importante el uso de las fragancias que mantuvieron a su disposición sofisticados equipos químicos y expertos alquimistas con el fin exclusivo de crear fragancias especiales para todo tipo de ocasiones y estados de ánimo: De aquello resultó uno de los fines principales de la fragancia, el de reflejar la personalidad de quien la usase. Del perfume se derivaron los aceites perfumados que se utilizaban en los grandes ceremoniales de homenaje a la corte. No tardó mucho para que todos los países produjeran sus propias bases en vez de adquirir las materias primas del Oriente. Y así, al transcurrir el tiempo, la región francesa de Grasse llegó a considerarse como la cuna mundial del perfume.

Hoy en día, se cuentan por miles las esencias destinadas a satisfacer los gustos del usuario moderno, tanto masculino como femenino, que busca en una fragancia la reafirmación de su personalidad, la confirmación de su forma de ser y a veces una intriga misteriosa.

**1**  Los alquimistas se dedicaban a...

    1. embriagarse.     3. curar el sentido olfativo.
    2. crear aromas religiosos.     4. crear nuevas fragancias.

**2**  Se usan las fragancias desde...

    1. los tiempos más remotos.
    2. la época de Cleopatra.
    3. la derrota de Napoleón.
    4. que se explicó el origen de la palabra «perfume».

**3**  Los aromas creados por los alquimistas servían para...

    1. ofrecerlos a los dioses.
    2. regalarlos a sus semejantes.
    3. conquistar nuevos imperios.
    4. satisfacer sus muchos caprichos.

**4** ¿Qué finalidad llegó a tener la producción de perfumes?

1. Reflejar la personalidad o estado de ánimo del usuario.
2. Honrar a los miembros de la corte.
3. Adquirir las materias primas en el propio país.
4. Dar énfasis a los gustos franceses.

**5** Actualmente, la producción de perfumes...

1. refleja los gustos de ambos sexos.
2. ha logrado ser la industria más exitosa de Europa.
3. sigue reafirmando las tradiciones en que se fundó.
4. se limita a cierta localidad de Francia.

**9** Hay personas que nacen con talentos inimitables y cuando logran tener fama mundial gracias a ese talento, muestran aún otro. A lo largo de los años, ha habido cantantes que al llegar a la cumbre de su carrera, prueban otro ramo del mundo artístico y son reconocidos en ése otro también.

Cierto cantante, reconocido por todo el mundo, cuenta que, mientras se recuperaba de una infección de la garganta que le impedía hacer su rutina diaria de práctica, se cansó de la lectura y de ver televisión. En una noche de insomnio, sintió un deseo irresistible de pintar un cuadro. Esto le pareció una locura, puesto que nunca había mostrado aptitud para la pintura ni tenía ningún sentido de color. Pero esa noche de insomnio estaba dominado por esa inexplicable manía y buscó por toda la casa hasta que dio con pintura y pinceles en el armario de sus hijos dormidos. Se puso a pintar y pintó durante ocho horas sin parar. Dice que sintió una alegría difícil de explicar con palabras. Así llegó a una época en que el pintar se convirtió en una obsesión y se sentía obligado a pasar cada momento libre que tenía con los pinceles en la mano para satisfacer esa obsesión. Lo curioso es que las largas horas que pasó encerrado delante del caballete no lo cansaban. Después, esa furia creativa cesó.

Cuando sale de viaje por el mundo, lo acompañan los óleos en que está trabajando. Busca inspiraciones nuevas en sus viajes porque los temas que le fascinan son los paisajes, los pueblos al lado del mar o entre montañas y las escenas urbanas. Los colores fuertes son sus preferidos y se expresa en el lienzo con espontaneidad. Mucha gente quiere comprar sus cuadros pero no están a la venta. Piensa exhibirlos para fines benéficos pero no cree que pudiera separarse de ellos.

**1** ¿Qué es lo curioso en muchas personas famosas?

1. Trabajan en varios negocios.
2. Muestran destreza artística en distintas áreas.
3. Buscan la fama en todo lo que hacen.
4. Están disconformes con la fama que han logrado.

**2** ¿Cuándo empezó a pintar cuadros?

1. Al terminar de ensayar una nueva obra.
2. Durante una noche en que no pudo dormir.
3. Mientras estaba internado en un hospital.
4. Al volver a casa de un concierto.

**3** ¿Por qué le pareció todo esto una locura?

1. Nunca le había inspirado la pintura.
2. Sus padres le prohibieron que pintara cuadros.
3. No sabía usar los instrumentos de un pintor.
4. No sabía distinguir los colores.

**4** ¿Por qué lleva lienzos con él cuando viaja?

1. Un profesor le da clases de pintura mientras viaja.
2. La pintura es su afición.
3. Busca personalidades para captar en el lienzo.
4. Todavía padece de insomnio.

**5** ¿Qué piensa hacer con sus cuadros?

1. Donarlos a una caridad.       3. Guardarlos.
2. Venderlos.                     4. Regalarlos a sus hijos.

**10** Tanto la obligatoria interdependencia de los países creada por el petróleo y otras sustancias necesarias para el desarrollo y funcionamiento, como los propósitos ecológicos de reducir la contaminación de la atmósfera, han hecho que el hombre busque otras soluciones para la producción de energía. Hace varios años se presenció una aventura insólita en las carreteras de Europa meridional cuando un grupo de jóvenes ingenieros de una universidad británica recorrió los 3.000 kilómetros de la costa mediterránea entre Atenas y Lisboa a bordo de un pequeño vehículo impulsado por energía solar que ellos mismos habían construido. Ese extraño vehículo parecía como algo en una película de James Bond o en un invento de historietas.

Al año siguiente hubo una gran carrera de carros impulsados por energía solar en Australia. El organizador de este acontecimiento era un hombre aventurero con visión del futuro, defensor del ahorro enérgico, las energías renovables y el medio ambiente. Es también pionero en la construcción de carros solares. Se dirigió a las grandes compañías de automóviles, convencido de que la convocatoria propiciaría la investigación y el desarrollo de este tipo de vehículo. Más tarde, los resultados le darían la razón.

Veinticinco carros procedentes de siete países acudieron a la carrera que tuvo como punto de partida la ciudad de Darwin en la costa norte del continente. De allí tomaron una carretera recién asfaltada para recorrer, bajo un sol de justicia, los 3.200 kilómetros que llevan hasta Adelaida, en la costa sur.

Una empresa automovilística americana se había tomado muy en serio el desafío de ese pionero australiano porque esperaba una competencia brutal por parte del resto de las casas comerciales. Los directivos de la compañía americana querían ganar la carrera a cualquier precio. Para lograrlo, invirtieron 400 millones de pesetas en la construcción del carro y pusieron a sus pies todo el potencial humano posible. ¡Y sí ganaron! Hicieron el recorrido en 44 horas y 54 minutos, alcanzando una velocidad máxima de 112 kilómetros por hora. Se calculó que la energía consumida equivalía a algo menos de veinte litros de gasolina. Dos días y medio más tarde, llegó el segundo carro de la carrera, el representante australiano.

**1** Se buscan soluciones a los problemas de energía para...

1. mantener los recursos naturales que tienen.
2. poder ayudar a los países vecinos.
3. acercarse más a una nación.
4. dejar los problemas ecológicos a sus herederos.

**2** ¿Qué clase de aventura tuvo lugar en las carreteras de Europa?

1. Una carrera entre ingenieros ingleses.
2. La construcción de un vehículo pequeño.
3. Una exposición de vehículos que corrían sin gasolina.
4. El recorrido de un carro impulsado por energía solar.

**3** El pionero australiano estaba seguro de que...

1. todas las naciones participarían en la carrera.
2. su invitación inspiraría investigación y desarrollo sobre energía solar.
3. él saldría vencedor por la falta de competencia.
4. lograría su visión del futuro australiano.

**4** Para que la carrera pudiera llevarse a cabo, escogieron un lugar donde...

1. había fábricas de automóviles.
2. sobraban días en que brillaba el sol.
3. los participantes podrían alojarse en el camino.
4. había una abundancia de mecánicos e ingenieros.

**5** ¿Qué comprobó esta carrera?

1. El espíritu pionero puede ser un estorbo.
2. Existen otros campos tecnológicos por explorar.
3. La competencia es una motivación falsa.
4. El hombre es víctima de su ambiente.

# 3b SHORT READINGS (MULTIPLE CHOICE, ENGLISH)

Part 3b consists of a series of short readings. For each selection, there is a question or incomplete statement in English. For each, choose the expression that best answers the question or completes the statement. Base your choice on the content of the reading selection. Write the number of your answer in the space provided.

**AL EXTERIOR VIAJE TAN TRANQUILO COMO LA PRIMERA VEZ**

Viajar al exterior debería ser siempre un placer. Sin embargo, Ud. está expuesto a otras circunstancias imprevistas, como una enfermedad, un accidente, un extravío de equipajes, etc. En estos casos, Ud. necesitará atención inmediata, gratuita y en su propio idioma. Todo esto y mucho más se lo brinda su Tarjeta **AYUDA–CARD**…Por algo en Chile desde hace 12 años las Agencias de Viajes recomiendan **AYUDA–CARD**, la TARJETA indispensable para viajar tranquilo. Adquiérala con su Agente de Viajes. Es su tranquilidad al viajar.

1  Who would benefit by obtaining this card?

   1. Everyone who travels.
   2. Young people who travel alone.
   3. Travel agents.
   4. Newlyweds.

2   How does Octavio Leopoldo
    earn a living?

    1. He sells real estate.
    2. He practices general medicine.
    3. He is a lawyer.
    4. He works for the immigration
       department.

3   This advertisement offers . . .

    1. a dream come true.
    2. a quick way to become rich.
    3. an opportunity to find
       a good job.
    4. an interview training session.

## Campaña contra el hambre

En una hora se gastan en el mundo $91.324.200 en programas militares y en la misma hora mueren 1.666 niños como consecuencia del hambre

### ¿Es justo?

Los países desarrollados dedican de cada 1.000 pesetas 55 a gastos militares y 2 a la ayuda al desarrollo

### ¿Es justo?

De cada 1.000 personas 750 pasan hambre 600 viven en chabolas o casas de barro y paja 350 no saben ni leer ni escribir 80 niños mueren antes de cumplir los 5 años

### ¿Es justo?

## *COMPARTIR ES HACER JUSTICIA*

---

**4** What is the goal of "Corazones Unidos"?

1. To eradicate world hunger.
2. To decrease nuclear arms deployment.
3. To effectuate sound ecological programs.
4. To unite the children of the world.

# ¡Hablemos con éxito!

Es un curso en video cassette acompañado de un libro para que usted pueda expresarse con seguridad y fluidez en público, ya que tiene:

✎ **Una técnica para estructurar discursos.**

✎ **Una técnica para hablar con buena dicción.**

✎ **Un libro que le proporciona ejemplos y le motiva a desarrollar su potencial anímico y mental.**

Dirigido a usted que necesita hacer uso de la palabra en público y proyectar una personalidad segura de sí mismo.

## ADQUIERA ESTE CURSO
Pedidos por C.O.D. al tel. 5-78-44-15 en México, D.F.
Calle Sur 31 No. 2591 Col. Diego Rivera C.P. 07750

---

5. What does this course try to achieve?

   1. Aid a person in learning a second language.
   2. Help people improve the public image they project.
   3. Remove a person's regional accent.
   4. Help people gain employment in the media.

---

6. What is the purpose of this notice?

   1. To declare January 15th a national holiday.
   2. To announce the opening of branch offices.
   3. To give the new address of the Municipal Treasury.
   4. To post the closing of the office on January 30th.

---

# Anuncio

Como consecuencia de las operaciones de cierre del ejercicio económico de los Presupuestos Municipales y de la adaptación de los libros de contabilidad, es necesario el cierre al público de la Caja de la Tesorería Municipal, a efectos de pago, durante el próximo día 30 de enero.

*Valencia, 15 de enero*
*El Concejal Delegado del Área de Hacienda y Economía.*

**Ayuntamiento de Valencia**
**ÁREA DE HACIENDA Y ECONOMIA**

7 What does this institute offer?

1. Discounts on food purchases.
2. Specialty cooking classes.
3. Reduced prices for banquets.
4. A "two-for-one" dinner offer.

8 This school is announcing . . .

1. graduation.
2. registration.
3. a special seminar.
4. a poetry recital.

# Busque su Oportunidad
## En la Sección de Anuncios por Palabras de
# A–Z

De trabajo. O de piso. O de cualquier otra cosa.

Porque la Sección de Anuncios por Palabras de A–Z trae de todo.

Lo que usted busca. O incluso lo que no busca, pero ¿por qué no? Le puede convenir y mucho.

**9** This advertisement would appeal to people who . . .

1. want to sell something through the newspaper.
2. deliver newspapers.
3. make commercials for television.
4. want to receive their paper at home.

**10** What is this company's specialty?

1. Stuffed animals.  3. Toys.
2. Silk flowers.  4. Imported gifts.

## Tiendas de Regalos
**FLORERIAS, JUGUETERIAS
AUMENTE SUS VENTAS
MUÑECOS DE PELUCHE**
Unicos en Venezuela
Somos importadores
**SURTIMOS INMEDIATAMENTE**
Llámenos o visítenos
Reyes 112
Centro 42–02–41

*Florería
Rosa de Lima*
*Comunica a sus clientes
el traslado del kiosko de
la puerta del
Banco
Barclays–Bank
al módulo de la
Galería Floral
No. 16.*

**11** What is the purpose of this notice?

1. To announce the opening of a new flower market.
2. To give customers the new location of this business.
3. To offer flowers to the bank's new clients.
4. To publicize modular floral arrangements.

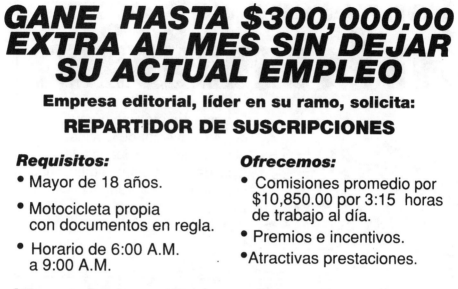

**GANE HASTA $300,000.00 EXTRA AL MES SIN DEJAR SU ACTUAL EMPLEO**

**Empresa editorial, líder en su ramo, solicita:**

**REPARTIDOR DE SUSCRIPCIONES**

**Requisitos:**
- Mayor de 18 años.
- Motocicleta propia con documentos en regla.
- Horario de 6:00 A.M. a 9:00 A.M.

**Ofrecemos:**
- Comisiones promedio por $10,850.00 por 3:15 horas de trabajo al día.
- Premios e incentivos.
- Atractivas prestaciones.

**Interesados presentarse con fotografía reciente en:**
Calzada García Lorca Sur 234, entre Héroes e Ignacio Sánchez, en el Depto. de Personal.

**12** What type of job is being offered?

1. A management training position.
2. An after-school job.
3. A career-oriented position.
4. Part-time employment.

**Teledos**

Está preparando un gran juego que tendrá como protagonistas a matrimonios de todas las edades.
Si usted y su media naranja quieren participar, ganar y divertirse, escriban inmediatamente adjuntando fotografía, dirección y número de teléfono a:

**Teledos**
**"Su media naranja"**
Torre Dalí. Planta 30 Plaza Salvador Dalí, s/n, 24680 Madrid
Avenida Paralela, 248, 08640 Barcelona

**13** This advertisement is aimed at . . .

1. young married couples.
2. spouses of all ages.
3. actors in soap operas.
4. newlyweds.

# A Conversar de Cocina
# Colombia

Lea nuestro próximo número
de ¡A Conversar de Cocina!
el cual hemos dedicado a la
Comida Colombiana, su historia,
costumbres y diferentes platillos.
Búsquelo el próximo
3 de julio y colecciónelo.

**14** This ad announces . . .

1. a new Colombian cookbook.
2. a visit to Colombian kitchens.
3. a series on Colombian food.
4. a new Colombian restaurant.

# Ya llegó...
# Ya se va...

**15** What service does this company offer?

1. Insurance.
2. Bus.
3. Delivery.
4. Telegraph.

En cuestión de distancias,
Quisqueya Veloz va más lejos.
Llame y seguro en una hora iremos
hasta su domicilio por sus envíos.
Vamos a 205 destinos del país y
entregamos en 24 horas máximo…

Quisqueya Veloz de Juana Duarte
el mejor servicio al mejor precio.

**Vaya con Quisqueya Veloz.
Es Seguridad.**

**228-2660
con 10 líneas**
Una amplia red
de servicios para usted

**en marzo...el cambio**

# COSMOS DEPORTIVO

## Nuestra mejor jugada

Una publicación dinámica, acorde a la época y a la filosofía de **Grupo Edad Nueva**, se pone a la vanguardia con un nuevo diseño que la hace más atractiva y moderna.

Le ofrecemos la mejor y más variada información deportiva, mayor audacia y profesionalismo del material fotográfico, impactantes portadas, excelente impresión y ¡nuevo logotipo!

El reto... proporcionar a nuestros lectores la mejor revista deportiva de Argentina, que dé

**¡la acción en primera fila!**

**16** What does this ad promote about "Cosmos"?

 1. It is a new sports magazine.
   2. It boasts a new format.
     3. It offers a ticket office for sports events.
       4. It is available in Argentina for the first time.

# PASOS VITALES

En XOB TV, El Canal Cultural de Telemira, haga ejercicio y póngase en forma con el dinamismo de los Aerobios.

***8 de la mañana***  ⑨

# FUTBOL ITALIANO

Inter de Milán vs A.C. Milan. En XFCB. Más acción desde Italia.

***9 de la mañana***  ⑤

# DEPORTES EN MENTE

Noticias y comentarios sobre lo que acontece en el deporte amateur en XOB TV Canal Cultural de Telemira.

***9 de la mañana***  ⑨

# ACCION

El programa más completo del panorama deportivo nacional e internacional. En XMA TV Canal Celestial.

***Cuatro y media de la tarde***  ②

**17** Which program encourages audience participation?

1. Acción.
2. Fútbol italiano.
3. Deportes en mente.
4. Pasos vitales.

## Microcirugía ocular

### DR. RAIMUNDO BOJOS E.

Cirugía de miopía y astigmatismo
Extracción de cataratas
por ultrasonido, laser

**Luz Savino No. 9, 6o. piso    563–92–23**
**Frente El Hotel del Vistazo    563–95–24**

**18**  This doctor would treat . . .

1. a broken bone.
2. an ear infection.
3. an eye disorder.
4. a toothache.

**19**  This meeting is being held in order to . . .

1. introduce the new president.
2. hear a presidential candidate.
3. distribute campaign flyers.
4. defend the salaries of the workers.

## AL GOBIERNO QUE VIENE, LA GENTE LE PREGUNTA:

*«Señor Candidato, cuando usted sea presidente...*
*...¿qué cosas concretas va a hacer para defender el salario de los obreros?»*

**Si usted también está buscando una respuesta nacional, justa y posible, encuéntrese con Lavenida**

**Sábado 24 de junio 14:00 horas**
**Palacio Piñasol**
**y ¡empiece a creer!**

## PERDIDO

**Perro de Terranova de color blanco–canela. Responde al nombre de Salvador. Perdido en la zona del Rosario (Las Chapas) Se gratificará con 25.000 ptas. Telfs. 831846–832643**

**20**  This flyer reports . . .

1. a meeting of dog owners.
2. a lost bag containing 25,000 pesetas.
3. a lost dog.
4. an identification card reading "Salvador."

# 3c SLOT COMPLETION

In each of the following passages, there are five blank spaces numbered 1 through 5. Each blank represents a missing word or expression. For each blank space, four possible completions are provided. Only one of them makes sense *in the context of the passage*.

First, read the passage in its entirety to determine its general meaning. Then read it a second time. For *each* blank space, choose the completion that makes the best sense and write its *number* in the space provided.

1 Son las siete de la mañana. Se despierta al ritmo de la música que transmite la radio reloj despertador al lado de la cama. Se pasa al baño a ducharse y sigue escuchando la música gracias al transistor impermeable pegado a la pared de la ducha. Se lava los dientes, se afeita, se viste y finalmente se desayuna, todo al continuo ritmo de la música que lo ___(1)___ de un cuarto a otro. Las canciones y las voces de los locutores y los eslóganes publicitarios cubren el vacío de la habitación; como si impidieran que las cosas salieran disparadas de sus sitios y chocaran entre sí por el aire.

Y la radio sigue sonando cuando deja la casa: un aparato lanza una mezcla de tambores electrónicos y saxofones por la ventanilla del coche que ha ___(2)___ frente al semáforo. Fíjese en ese motorista que circula protegido del mundo por una gorra, unos auriculares y las gafas de sol, como un sordomudo submarinista con una escafandra, pegado a la radio. Conduce al ritmo del «rap», tararea el estribillo de un hit de Madonna y ___(3)___ el ritmo en el volante mientras espera el semáforo. Al llegar a la oficina, entra en el ___(4)___ en el cual se oye una música suave, calmante, hasta aburrida mientras sube a su piso.

Sin la radio, ¿no serían todas las horas iguales a las horas huecas que transcurren entre dos vuelos en los pasillos de un aeropuerto? El tiempo se pone ligero cuando lo ocupa la música. No es raro que los transistores abunden en las cárceles, en los hospitales y por las calles en las dilatadas tardes del verano.

(1) 1 trae
2 comparte
3 acompaña
4 busca

_____

(2) 1 frenado
2 recogido
3 lanzado
4 tropezado

_____

(3) 1 juega
2 pisa
3 marca
4 libera

_____

(4) 1 estudio
2 ascensor
3 sueño
4 gabinete

_____

Las horas del día transcurren y en el camino de vuelta a la casa se repite la misma escena: las ondas musicales llenan el coche. Una vez instalado en la casa, las melodías del día penetran el aire. Y cuando llega la hora de acostarse, es la radio que le __(5)__ hasta que se apague solo.

(5) 1 arrulla
2 agobia
3 alienta
4 acostumbra

_____

**2** Hoy en día existe una fuerte tendencia a comprar suplementos vitamínicos para mejorar la condición de cabello sano, piel limpia, o simplemente para sentirse mejor. Cada año se gastan miles de pesos sin saber a ciencia cierta cuál es exactamente el __(1)__ que causan las vitaminas.

Pero, ¿es realmente necesario que consumamos tabletas y tabletas de vitaminas? ¿Estamos obteniendo realmente lo que necesitamos? Si vivimos siempre de prisa, alimentándonos con «los deleites de la comida rápida» e imponiéndonos tensión en el organismo, es probable que no tengamos los __(2)__ de vitaminas que nuestro cuerpo requiere.

Las vitaminas son compuestos químicos necesarios para el metabolismo, el crecimiento normal y el bienestar físico entre otras cosas. Nuestro organismo requiere solamente una pequeña cantidad de cada vitamina para __(3)__ sano. Como un equipo sincronizado, las vitaminas trabajan juntas, y la deficiencia en cualquiera puede afectar la eficiencia de todas ellas. No ingerir suficientes vitaminas puede tener varios resultados, desde problemas con los ojos y la piel, hasta depresión, cansancio, irritabilidad y enfermedades dentales.

Como no todas las vitaminas pueden __(4)__ en el cuerpo, es necesario incluirlas en la dieta diaria. Si no las obtenemos de la comida, debemos entonces hacerlo de los suplementos. Una dieta __(5)__ normalmente provee todas las vitaminas que uno necesita para estar sano. Quien hace dietas para adelgazar, disminuye también su dosis diaria de vitaminas requeridas. Por eso, es importante reducir la cantidad de alimentos pero mantener la variedad.

(1) 1 propósito
2 trabajo
3 uso
4 efecto

_____

(2) 1 procesos
2 niveles
3 alimentos
4 sistemas

_____

(3) 1 mantenerse
2 vedarse
3 relajarse
4 llevarse

_____

(4) 1 crearse
2 quemarse
3 almacenarse
4 curarse

_____

(5) 1 balanceada
2 útil
3 reconstruída
4 grasosa

_____

**3** La noción de «derechos de los animales» ha ocupado, en los últimos años, la atención de los filósofos. En España cada año mueren doscientos millones de animales solamente para ___(1)___ al hombre. Las fiestas populares como el «burro de Peropalo», el «toro de Coria», los gallos y otras han sido denunciadas por asociaciones que trabajan a favor de los derechos de los animales.

Entre las preguntas fundamentales que se hacen ahora están: ¿se debe permitir el uso de pieles para vestir, la caza, el encierro de animales en parques zoológicos? ¿Han de protegerse las ___(2)___ en peligro de extinción o regularse la utilización de animales en espectáculos? Éstas son algunas de las cuestiones vinculadas al bienestar humano o al progresivo deterioro del medio ambiente. El empleo de animales en la investigación ha provocado ya posturas críticas de la comunidad científica, que considera que las conclusiones a que lleva son ___(3)___ o ineficaces.

Hay personas que dicen que los derechos de los animales pueden justificarse de forma racional. El criterio en el que se basan los derechos de los animales está en relación directa con la sensación de dolor o placer que una acción produzca sobre el animal. En caso de que provoque dolor, no hay ningún derecho a ___(4)___ esta acción. Y tanto los animales de compañía como los domésticos destinados a la alimentación tienen los mismos derechos.

Los derechos de los animales se han definido así: dejarlos vivir en su hábitat natural, sin torturarlos, ni usarlos y respetarlos porque forman parte integrante de la ___(5)___.

**(1)** 1 lastimar
2 acompañar
3 seguir
4 divertir

**(2)** 1 consecuencias
2 especies
3 marcas
4 mezclas

**(3)** 1 erróneas
2 creíbles
3 acertadas
4 indispensables

**(4)** 1 negar
2 realizar
3 parecer
4 quitar

**(5)** 1 estabilidad
2 reserva
3 naturaleza
4 cultura

**4** Es imposible creer que todavía no existen escuelas para la profesión más importante, la de madre o padre de familia. Esa ___(1)___ es algo extraña cuando pensamos en nuestro complejo mundo moderno, tan avanzado ya en todas las ciencias y las técnicas.

Las personas que han criado y educado hijos lo han hecho siempre en forma ___(2)___, medio aprendiendo en el camino, al tanteo, imitando esquemas de conducta que existían en su

**(1)** 1 falta
2 duda
3 herida
4 pena

**(2)** 1 didáctica
2 investigadora
3 empírica
4 objetiva

infancia o siguiendo los ___(3)___ bien intencionados de personas tan ignorantes como ellos mismos. Si tomamos en cuenta las proporciones monumentales de esta improvisación, lo asombroso es que haya habido tantos aciertos y que, junto a numerosos seres humanos antisociales, irresponsables, inmaduros y hasta criminales, hayan crecido millones de buenos ___(4)___. Debemos recordar que todo ser humano es, después de todo, consecuencia de la educación que recibió. Lo terrible del trabajo de los padres es que no se puede saber si están criando bien o mal a sus hijos hasta que éstos no crezcan. Y entonces ya es demasiado tarde para ___(5)___ lo que se dan cuenta hicieron mal.

(3) 1 consejos
2 sucesos
3 estropeos
4 tratados

(4) 1 abogados
2 guías
3 estímulos
4 ciudadanos

(5) 1 regocijar
2 corregir
3 premiar
4 medir

5 Un libro que acaba de aparecer en los estantes de las librerías de la ciudad les va a interesar a los jóvenes actores que empiezan en el oficio. El libro es una curiosa ___(1)___ de libro de enseñanza y autobiografía, donde se exponen las ___(2)___ básicas de la actuación, matizándolas con la narración de anécdotas y episodios de la vida de la autora.

Por medio de cuatro escenas, esta obra se fija en cuatro elementos que la autora considera fundamentales e importantísimos en la ___(3)___ de un actor en su carrera escogida. La primera escena se dedica a la preparación de la voz, instrumento primordial del actor. La importancia de la memoria es el tema de la segunda escena, donde cita varias anécdotas de su ilustre carrera y narra episodios en los cuales su memoria se puso a prueba. Otro aspecto importante, la concentración, se destaca en la tercera escena, acompañado de sencillos ejercicios para ___(4)___ y ponerla a prueba. Otra cualidad que debe ser ___(5)___ por el actor sirve de tema en la cuarta y última escena. Es la de la observación, y la autora propone que de ella depende en gran medida la suerte y el éxito del actor.

(1) 1 congestión
2 intención
3 mezcla
4 receta

(2) 1 elaboraciones
2 técnicas
3 sugerencias
4 determinaciones

(3) 1 desventura
2 reputación
3 herencia
4 formación

(4) 1 entrenarla
2 descubrirla
3 aceptarla
4 cursarla

(5) 1 golpeada
2 desarrollada
3 apartada
4 encerrada

**6** A escasa distancia del centro de Bruselas hay un centro de deportes invernales, pero sin nieve. La pista de este centro de esquiar es de un ___(1)___ plástico especial que permite que los aficionados puedan deslizarse sobre él y ___(2)___ la misma sensación que si se estuvieran deslizando por una pendiente de nieve. Esto se debe a que la textura es prácticamente la misma. Para aumentar ese efecto, debajo del plástico hay unos rociadores que ___(3)___ hielo pulverizado muy frío hasta una altura de 20 centímetros al paso de los esquiadores. Su éxito ha sido tan grande que a todas horas se dictan clases para los principiantes, en forma individual o en grupos. Allí se aprende a derrapar, a aumentar y a disminuir la ___(4)___ con el solo movimiento del cuerpo y también a caerse. Es posible transitar por esa pista de 130 metros de largo y 50 de ancho a toda velocidad. Es la primera de su tipo y está destinada a reemplazar a los ya habituales tapices que usan muchos aficionados para ___(5)___. Aquí, haya nevado o no en los Alpes, es posible disfrutar del vértigo del esquí en todos sus aspectos.

(1)  1 estado
2 disfraz
3 ascensor
4 material

———

(2)  1 evitar
2 experimentar
3 disimular
4 suspender

———

(3)  1 arrojan
2 cobran
3 emplean
4 gastan

———

(4)  1 demora
2 tarifa
3 velocidad
4 condición

———

(5)  1 escaparse
2 levantarse
3 adiestrarse
4 controlarse

———

**7** El ruido se está volviendo en una epidemia urbana. En las últimas décadas, el ___(1)___ ambiental causado por las actividades humanas aumentó en forma espectacular. Se le considera como uno de los contaminantes más molestos y que más afectan el ___(2)___ de los ciudadanos. La polución atribuída al ruido es algo inevitable en las grandes ciudades, pero los habitantes no saben que es también uno de los factores que contribuye al estrés y a alteraciones en el sistema digestivo.

El ruido tiene efectos perjudiciales sobre el hombre, tanto psicológicamente como físicamente. Las personas están sometidas a unos niveles nocivos de ruido difíciles de determinar, ya que hay múltiples factores que intervienen, como la edad, el estilo de vida y la ocupación.

(1)  1 lenguaje
2 estrépito
3 ahorro
4 atraco

———

(2)  1 bienestar
2 conocimiento
3 interés
4 tratamiento

———

El tráfico, los transportes y el trabajo son algunos de las fuentes de procedencia de los ruidos. Los efectos provocados por los ruidos pueden ser variados, entre ellos, un desplazamiento temporal o bien permanente del umbral de audición. Así, cuando una persona entra en una zona muy ruidosa, suele sufrir una ___(3)___ de sensibilidad auditiva considerable. La recuperación del umbral auditivo depende de la intensidad del desplazamiento, del tipo de exposición y de la sensibilidad del individuo.

Una característica de la pérdida de audición provocada por el ruido es que no se produce en forma brusca, sino ___(4)___ durante varios años, y a menudo pasa inadvertida por no interferir en la vida cotidiana del individuo. El ruido también afecta el sueño: puede ser causa de dificultades a la hora de conciliar el sueño o puede ___(5)___ a un individuo dormido.

(3) 1 escapatoria
2 capacitación
3 pérdida
4 equivocación

_____

(4) 1 repentinamente
2 gradualmente
3 súbitamente
4 inesperadamente

_____

(5) 1 llamar
2 conducir
3 golpear
4 despertar

_____

**8** Según el programa, se abría a las doce un parque infantil gratuito en una plaza de la capital donde iba a funcionar un tren a vapor. Desde una hora antes ya se encontraban en la citada plaza unos veinte niños que esperaban impacientes la llegada de las atracciones. Mientras tanto se dedicaban a sus ___(1)___, correteando entre los bancos y los árboles o jugando con globos.

Pasado ya el mediodía, la actividad de la plaza seguía más o menos igual salvo que ya había unos cincuenta niños y el ___(2)___ se había trasladado a los raíles del tren a vapor, pero aún faltaba el tren. Los padres que habían llevado a sus niños al lugar, comenzaban a ___(3)___ dónde estaban la locomotora y las atracciones prometidas. No había explicación porque no había ningún responsable municipal que la diera.

Era casi la una de la tarde cuando un camión que había estado aparcado en la plaza desde primeras horas de la mañana se movió hasta su centro y empezó a ___(4)___ material. Por fin apareció un responsable de las fiestas y no pasó ni un minuto para que éste estuviera ___(5)___ de los adultos. Viendo esto, el responsable se apuró a dar una explicación: los técnicos que debían instalar las atracciones del parque no habían dado con la plaza y la verdadera fecha de estreno del parque infantil se volvería a anunciar a mediados de la semana.

(1) 1 juegos
2 lecciones
3 partidos
4 tareas

_____

(2) 1 estreno
2 descanso
3 accidente
4 entretenimiento

_____

(3) 1 identificarse
2 preguntarse
3 dedicarse
4 levantarse

_____

(4) 1 descargar
2 trabajar
3 descubrir
4 cobrar

_____

(5) 1 establecido
2 abandonado
3 rodeado
4 apoyado

_____

**9** El llamado deporte blanco, como muchos de los deportes y juegos de más éxito hoy, tiene su origen en la antigüedad. Éste es el caso del tenis que se empezó a jugar hace veinticinco siglos. Hace sólo cien años, los ingleses introdujeron ciertas ___(1)___ en este deporte que habían heredado de los egipcios, los persas y los franceses y lo convirtieron en uno de los deportes favoritos del siglo actual.

Los jugadores profesionales famosos ganan más fuera de la ___(2)___, por concepto de publicidad, que por los campeonatos ganados. Las ___(3)___ de ropa deportiva, de raquetas y de relojes, por ejemplo, les regalan los últimos diseños para que los luzcan. Además, firman contratos publicitarios muy sustanciosos por asistir a exposiciones de automóviles y a inauguraciones de centros vacacionales, de los que terminan siendo miembros. La ___(4)___ les sigue los pasos porque al público les interesa todo lo que hacen.

Pero no basta con conseguir algún título. Los grandes campeones se hacen y tienen que mantener su posición, y el impacto sobre el público. Un horario típico requiere una disciplina intensa e incluye ocho horas diarias de entrenamiento y deportes de ___(5)___ como el básquetbol o el vólibol para saltar más alto, el levantar pesas para fortalecer las piernas y los brazos y el esquiar o el patinar para dar flexibilidad a los movimientos.

**(1)** 1 tribulaciones
2 categorías
3 delegaciones
4 modificaciones

_____

**(2)** 1 ceremonia
2 función
3 cancha
4 fiesta

_____

**(3)** 1 empresas
2 ganancias
3 cajas
4 construcciones

_____

**(4)** 1 hazaña
2 corte
3 prensa
4 envidia

_____

**(5)** 1 servicio
2 apoyo
3 ensayo
4 respaldo

_____

**10** Los seres humanos que cohabitan con otras especies en el planeta tierra son los únicos que pueden decir mentiras. Y todo el mundo es más o menos experto en el arte de la mentira. La verdad es que para mentir bien, hay que ser profesional. Entre los ___(1)___ para este oficio se destaca la necesidad de tener una memoria extraordinaria para no caer en el garlito de contradecirse. Hay que ___(2)___ de todas las mentiras y considerarlas como verdades. Y generalmente, una mentira le ___(3)___ a otra y puede haber momentos en que el mentiroso no sabe ni por dónde anda.

**(1)** 1 requisitos
2 atractivos
3 estudios
4 propósitos

_____

**(2)** 1 suspenderse
2 acordarse
3 descubrirse
4 perderse

_____

**(3)** 1 niega
2 duplica
3 duele
4 lleva

_____

¿Pero cómo se puede ____(4)____ si alguien miente? Es posible hacerlo directamente al preguntar si lo que se dice es verdad o mentira. Hay que recordar que es más fácil mentir con la boca que con el resto del cuerpo. El cerebro controla los movimientos mucho más rápido de lo que controla las palabras. Por eso, muchas veces la postura o los movimientos del cuerpo contradicen a las palabras. Cuando uno está mintiendo, puede sentir una o varias de las siguientes cosas: nerviosismo, temor a ser descubierto, enojo, ansiedad o excitación. Todo esto ____(5)____ necesariamente en los gestos, movimientos y expresiones, a menos que la persona sea de palo o que sea un actor natural o entrenado. No faltan aquellos que gozan al mentir, y parte de ese disfrute es mentir perfectamente con la boca, el cuerpo y el alma.

**(4)** 1 investigar
2 demandar
3 estimular
4 averiguar

**(5)** 1 se fija
2 se refleja
3 se asegura
4 se controla

**11** Queridos amigos,

¡Ya saben cómo me atraen las islas! Esta isla tiene una ubicación privilegiada y está a menos de cuarenta kilómetros del continente. La Isla Margarita es el lugar perfecto para una ____(1)____ larga o corta. Hay hermosos paisajes, lindísimas playas de arenas doradas y aguas ____(2)____ que invitan a nadar a cualquier hora.

Se agrega a sus recursos naturales la tradición ____(3)____ con vestigios de los conquistadores, los corsarios y los piratas. Es un pueblo que toma la vida con mucha calma. La tranquilidad y la alegría del ambiente son absorbidas rápidamente por el visitante.

Esta pequeña isla está, en realidad, formada por dos, unidas por un delgado istmo de dieciocho kilómetros de extensión que encierra una bellísima laguna. Existen 167 kilómetros de playas, cada una más hermosa y ____(4)____ que la otra.

Entre las características únicas de la Margarita es que uno siempre está cerca del mar, incluso en los lugares del interior. Su reducido ____(5)____ prácticamente no se advierte, porque hay miles y miles de rincones especiales.

Espero que pronto puedan conocer y disfrutar de este lugar idílico.

Saludos.

**(1)** 1 tierra
2 población
3 estancia
4 provisión

**(2)** 1 antipáticas
2 cálidas
3 hostiles
4 peligrosas

**(3)** 1 democrática
2 dedicada
3 limitada
4 histórica

**(4)** 1 ruidosa
2 amontonada
3 congestionada
4 solitaria

**(5)** 1 tamaño
2 reconocimiento
3 avance
4 descubrimiento

**12** Radio Exterior de España ha comenzado a transmitir programa en lengua sefardí para América. Este espacio, de periodicidad semanal, podrá ser escuchado en América del Sur, en la primera emisión, y en Norteamérica, en la segunda. Esta programación comprende un servicio ___(1)___ y un espacio, con entrevistas, sobre la cultura y el folklore sefarditas. Hace años que Radio Exterior de España transmite un programa en sefardí para el Oriente Próximo y el Oriente Medio, donde ___(2)___ el 60 por ciento de los sefarditas de todo el mundo.

El sefardí es un castellano arcaizante que hablaban en el momento de su ___(3)___ de España los casi 400.000 judíos expulsados por el edicto de los Reyes Católicos en 1492, al que se han ido incorporando vocablos de los países en que los sefarditas se han asentado. Los sefarditas constituyen grupos étnicos y lingüísticos caracterizados por ___(4)___ la tradición española en su organización, apellidos, folklore, música, literatura y lengua. Se sabe que los primeros judíos sefardíes llegados a Norteamérica fueron veintitrés familias de origen español y portugués que ___(5)___ en el siglo XVII en lo que ahora es Nueva York. A lo largo de los siglos XVII y XVIII se asentaron comunidades de judíos sefardíes en otras ciudades de los Estados Unidos y Canadá.

**(1)** 1 gratuito
2 informativo
3 provisional
4 ligero

_____

**(2)** 1 se cuidan
2 se encuentran
3 se adaptan
4 se dejan

_____

**(3)** 1 gloria
2 derrota
3 falta
4 salida

_____

**(4)** 1 conservar
2 ignorar
3 equilibrar
4 estrenar

_____

**(5)** 1 se establecieron
2 se impusieron
3 se desaparecieron
4 se abandonaron

_____

**13** ¿Puede usted imaginarse lo que sería la vida en una casa sin electricidad? ¿Una casa en que la luz no se encendiera instantáneamente al ___(1)___ el interruptor, en la que no funcionaran el refrigerador, la lavadora, el secador de pelo, el televisor y tantos otros de los aparatos eléctricos a que estamos ___(2)___? Para comenzar, nuestras noches serían lóbregas y silenciosas; los alimentos guardados en el refrigerador se echarían a perder en unas cuantas horas; sería dificilísimo, si no imposible, hacer las miles de ___(3)___ que solemos hacer al regresar del trabajo o de la escuela.

**(1)** 1 ver
2 buscar
3 apretar
4 hallar

_____

**(2)** 1 elevados
2 dotados
3 instalados
4 acostumbrados

_____

**(3)** 1 tareas
2 funciones
3 hazañas
4 diversiones

_____

Hoy en día damos por sentado muchas cosas que nos facilitan la vida diaria. Una de estas cosas es la energía eléctrica, un recurso que, en realidad, no debemos ___(4)___. La cantidad de energía eléctrica requerida para iluminar una casa no es muy elevada; sin embargo, es posible reducir aún más el consumo si se evita el despilfarro. Desde luego, no hay que ahorrar luz a costa de la vista o de la seguridad, pero hay que fijarse en dejar sólo las luces más funcionales, provistas de un foco adecuado a la actividad que se desarrolla en cada habitación y tomando en cuenta que los focos de mayor ___(5)___ son los más útiles.

(4) 1 ahorrar
2 encerrar
3 aguantar
4 derrochar

_____

(5) 1 economía
2 potencia
3 cuota
4 presión

_____

**14** Ninguno de los grandes relojeros suizos jamás soñó con poder armar un reloj como el del cuerpo, que con su repiqueteo da al organismo y a sus funciones el sentido del ___(1)___. Este mecanismo biológico dirige la respuesta de todas las funciones corporales que son capaces de ___(2)___ en forma rítmica. Estos ciclos pueden referirse a un día, un mes o un año. Los ciclos más conocidos son los que abarcan veinticuatro horas, como la frecuencia cardiaca, la presión arterial y la temperatura ___(3)___. Cada uno ___(4)___ un valor mínimo y un valor máximo dentro de las veinticuatro horas, y son esos cambios cíclicos los que hacen alterar las aptitudes de una persona, ya sea para bien o para mal. Tomarlos en cuenta hará que una persona ___(5)___ los mejores momentos y sea precavida con los malos. Sincronizar las actividades tanto sociales como laborales con los relojes biológicos garantiza el máximo de eficiencia.

(1) 1 movimiento
2 miedo
3 tiempo
4 vuelo

_____

(2) 1 permanecer
2 variar
3 plantar
4 mostrar

_____

(3) 1 atmosférica
2 temporal
3 ambiental
4 corporal

_____

(4) 1 tropieza
2 monta
3 alcanza
4 apunta

_____

(5) 1 aproveche
2 tome
3 trate
4 dé

_____

**15** La Universidad de la Tercera Edad fue una idea que nació en el sur de Francia, en la ciudad de Tolosa. Su ___(1)___ se deriva de una extraordinaria monografía escrita por la destacada feminista Simone de Beauvoir, y se refiere al último tercio de la vida. El rector de dicha universidad decidió abrir las puertas de su institución a toda persona ansiosa de absorber la cultura que no pudo ___(2)___ a lo largo de una vida de trabajo.

Empezaron los cursos, limitándose a dos sesiones de seis semanas, mayo-junio y septiembre-octubre, abriendo las ___(3)___ universitarias que en las épocas de vacaciones quedaban siempre cerradas. El rector había hecho anunciar por la ciudad una serie de cursos y conferencias para todos, jóvenes y viejos, hombres y mujeres, profesionales y obreros. Su idea era ___(4)___ la cultura, hacer desaparecer las diferencias de clase en la instrucción, tal como existe en la infancia y en los medios de trabajo. A la vez, tenía pensado estimular intelectualmente a las personas de más de sesenta años, con la mira de ___(5)___ o retardar los signos nefastos de la senectud y contribuir a la invención de un nuevo arte de vivir basado en una filosofía de anti-envejecimiento. El éxito de estos dos cursos sirvió de modelo para otros programas semejantes en otras partes.

**(1)** 1 apodo
2 apertura
3 inauguración
4 nombre

————

**(2)** 1 proveer
2 adquirir
3 funcionar
4 merecer

————

**(3)** 1 clases
2 vías
3 aulas
4 cátedras

————

**(4)** 1 democratizar
2 deshonrar
3 repasar
4 oprimir

————

**(5)** 1 prevenir
2 torcer
3 apresurar
4 avivar

————

**16** Esta información se dirige a las personas que quieren cultivar plantas pero les falta o un jardín o una buena mano para hacerlo. La forma más fácil de jardinería bajo techo es dejar que las plantas crezcan en el agua. Para hacer esto, sólo se necesitan plantas pequeñas, un recipiente, alimento para plantas y agua.

Aunque es sabido que echar demasiada agua a las plantas puede ___(1)___, cuando se las ponen tan sólo en agua, algunas de ellas se dan bien. El éxito misterioso de los jardines acuáticos es bastante sencillo. Muchas de las plantas que ahora crecen en las casas tuvieron su ___(2)___ en los pantanos, marjales y selvas de los trópicos. Por eso, el agua es su elemento natural. Aunque el hecho de regar las plantas demasiado cuando están sembradas en tierra trae como consecuencia que ___(3)___ el oxígeno necesario para los pequeños cabellos de la

**(1)** 1 matarlas
2 envejecerlas
3 acomodarlas
4 encresparlas

————

**(2)** 1 semilla
2 retoño
3 origen
4 cosecha

————

**(3)** 1 obtengan
2 pierdan
3 abarroten
4 doblen

————

raíz, en agua sola, ésta los provee del oxígeno necesario para que las raíces se alimenten.

Un jardín acuático necesita un mínimo de esfuerzo para mantenerse. Puede permanecer sin atención durante varias semanas y, si se le ___(4)___ con esmero, las plantas pueden vivir tanto como si estuvieran en el suelo, muchas veces aún más tiempo. Además, un jardín acuático es muy barato.

Aunque no todas las plantas pueden sobrevivir en el agua, un gran número se puede ___(5)___ a esa condición. Muchas de ellas son muy duraderas, populares y fáciles de obtener.

(4) 1 cuida
2 mira
3 corta
4 pica

(5) 1 florecer
2 abastecer
3 dominar
4 adaptar

**17** Jugar con niños, ya sea un hermano o un primo, es mucho más que una simple diversión. Es la mejor manera de comunicarse con ellos, de conocer sus gustos, sus aversiones y sus temores. Y cuando se acerca su cumpleaños, qué tarea más divertida y estimulante puede ser ___(1)___ en la organización de la celebración.

Ante todo, hay que decidir a quién se va a invitar a la fiesta. Y luego, hay que hacer las invitaciones oralmente por teléfono, o ___(2)___ para mandarlas por correo. La próxima tarea es la de comprar los ___(3)___ que van a colgarse. Es popular buscar un tema y desarrollarlo: el parque zoológico, su grupo favorito o lo que esté de moda. Una excursión a las tiendas les proveerá todo lo necesario para convertir el salón en que se da la fiesta en un escenario ___(4)___ al tema.

Cada persona que toma parte en la organización de la fiesta tiene que desempeñar un papel. ¿Quién se encarga de las actividades que se llevarán a cabo para divertir a los invitados? El responsable también tiene que buscar premios que se ortogarán a los ___(5)___ de los diferentes juegos. Sobretodo, es importante que la organización de la fiesta sea sencilla para que todos puedan tomar parte en todas las actividades y disfrutar de la celebración.

(1) 1 jugar
2 divertir
3 festejar
4 participar

(2) 1 llamadas
2 dibujadas
3 escritas
4 requeridas

(3) 1 adornos
2 regalos
3 obsequios
4 juguetes

(4) 1 fiel
2 homogéneo
3 racional
4 común

(5) 1 espectadores
2 vencedores
3 árbitros
4 aficionados

**18** Por todo el mundo, es muy común que los jóvenes nacidos en los pueblos, al llegar a cierta edad, los dejen en busca de un futuro mejor. La iniciativa del ayuntamiento de un pueblo asturiano, al norte de España, para que los jóvenes no ___(1)___ el pueblo, está dando resultados muy positivos. La prueba está en el hecho de que muchos de los que ya se habían ido hacia otras localidades en busca de trabajo y alternativas han regresado para participar en los cursos de turismo rural ___(2)___ por el ayuntamiento.

Un albergue situado en esa localidad es la mejor ___(3)___ de cómo este proyecto atrae la atención de la juventud del municipio y a la vez ___(4)___ el número de turistas que solicitan pasar sus vacaciones allí. Los jóvenes que participan en estos cursos comenzaron hace un año su formación teórica que duró tres meses. Posteriormente pasaron a la formación ___(5)___ que les llevó a distintas localidades asturianas, donde atendieron instalaciones dedicadas al turismo. Además, como parte de su formación profesional, participaron en la Feria Internacional de Turismo que se celebró recientemente en Madrid.

(1) 1 retornen
2 menosprecien
3 abandonen
4 averiguen

(2) 1 promovidos
2 rellenos
3 declarados
4 pronosticados

(3) 1 demostración
2 idea
3 derrota
4 justicia

(4) 1 afronta
2 aumenta
3 calcula
4 resta

(5) 1 informal
2 universitaria
3 oportuna
4 práctica

**19** Señor director: No cabe duda de que las cadenas privadas de televisión suponen una aportación positiva a la libertad y al pluralismo de la sociedad española y, desde luego, un legítimo y nada fácil negocio.

Posiblemente, su ___(1)___ de la publicidad les lleva a administrarnos dosis abrumadoras de anuncios que, en una cadena concreta de películas, suponen un 25 por ciento del tiempo de programación en las horas de más audiencia. Los anuncios están bien hechos, pero llegan a destruir la ___(2)___ de esa pequeña obra de arte que es una película y obligan a un esfuerzo mental de adaptación no pequeño. Al cual hay que añadir la violencia visual y a veces verbal de no pocos anuncios que no son aptos para los ___(3)___.

(1) 1 dependencia
2 afición
3 preferencia
4 supresión

(2) 1 finalidad
2 unidad
3 meta
4 rotación

(3) 1 televidentes
2 rostros
3 turistas
4 menores

Antes de que lleguemos a una situación parecida a lo que sucede en Italia, donde ahora se pide la supresión radical de publicidad en las películas, valdría la pena una regulación que ___(4)___ la duración, el contenido y hasta el tono de la música de los anuncios comerciales, así como la repetición insistente y autoritaria, tanto visual como verbal, de la marca anunciada. Sin ella, es fácil prever que las nuevas ___(5)___ darán un porcentaje de neuróticos mayor a la de sus padres.

(4) 1 afinase
2 descorriese
3 moderase
4 imprimiese

_____

(5) 1 generaciones
2 cadenas
3 películas
4 intoxicadas

_____

**20** Es muy importante que estemos preparados en caso de emergencias. Nadie está exento de tener algún día una emergencia: una cortadura, una fractura, una quemadura, un robo o una pérdida. Lo preciso es que no nos espantemos. Pero debemos saber a quién ___(1)___ y quién nos puede auxiliar porque, afortunadamente, no estamos solos. Tanto en la provincia como en la ___(2)___ hay organismos, ligas, asociaciones y centros especializados que nos pueden ayudar en esos momentos.

Frecuentemente vemos los problemas muy ___(3)___ a nosotros, pero la verdad es que a cualquier persona le puede pasar un ___(4)___ u otra clase de desgracia. En ese momento de miedo, nervios o tensión, no se nos ocurre adónde ir ni a quién llamar. A veces se pierde tiempo muy valioso del que en algunos casos depende una vida. Por eso, es aconsejable tener siempre a la mano los teléfonos de emergencia al servicio de toda la comunidad. Debemos tener estos números junto al teléfono, en las primeras páginas del ___(5)___ o en una tarjeta que forma parte de nuestra agenda personal. El servicio de teléfonos de cada localidad puede proporcionar los números de emergencia que Ud. cree puedan serle de mayor utilidad.

(1) 1 correr
2 recurrir
3 brincar
4 renovar

_____

(2) 1 ciudad
2 playa
3 fábrica
4 escalera

_____

(3) 1 libres
2 elevados
3 costosos
4 lejanos

_____

(4) 1 accidente
2 experimento
3 tratamiento
4 alojamiento

_____

(5) 1 álbum
2 estudio
3 directorio
4 tomo

_____

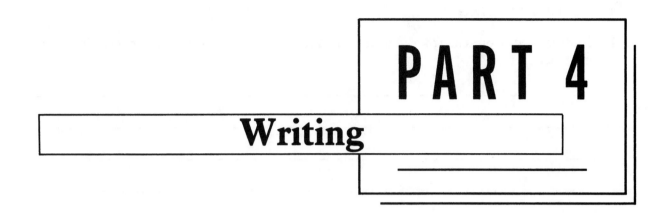

# PART 4

## Writing

In Part 4, your teacher will assign to you one or more notes, narratives, and/or letters. Follow the directions below carefully.

## 4a

### INFORMAL NOTES

Write a well-organized note in Spanish as directed below. Follow the specific instructions for each note you select or are assigned. Each note must consist of at least six clauses. A clause must contain a verb, a stated or implied subject, and additional words necessary to convey meaning. The six clauses may be contained in fewer than six sentences if some of the sentences have more than one clause.

*Examples:*

One clause: Ayer salí de compras.
Two clauses: Ayer salí de compras y me encontré en la calle con Juana.
Three clauses: Ayer salí de compras y me encontré en la calle con Juana, quien me invitó a una fiesta en su casa.

1   You received a present from your grandparents. Write a note to them expressing your appreciation.

_____

_____

_____

_____

_____

_____

2   Your friends have invited you to spend the weekend with them at their house by the lake. Write a note saying that you cannot go and why.

_____

_____

_____

_____

_____

3   You are not coming directly home from school. Write a note of explanation to your mother or father and give the reason.

_____

_____

_____

_____

_____

**4** You are having a party at your home. Write a note to a friend inviting him/her to the party.

_____

_____

_____

_____

_____

_____

**5** You have invited an exchange student to your home for dinner. Write a note to him/her giving directions to your house.

_____

_____

_____

_____

_____

_____

**6** It is your friend's birthday and he/she is away at camp. Write a note to him/her congratulating him/her on the occasion.

_____

_____

_____

_____

_____

**7** Your friend won a prize in a science contest. Write him/her a note of congratulations.

_____

_____

_____

_____

_____

**8** You and a friend had a disagreement about something. Write a note apologizing for your behavior.

_____

_____

_____

_____

_____

**9** You are going to Argentina as an exchange student. A friend wants to see you off at the airport. Write a note giving him/her the information needed.

_____

_____

_____

_____

_____

10   A classmate has been absent from school because of a prolonged illness. Write him/her a
note expressing your feelings.

_____

_____

_____

_____

_____

_____

# 4b NARRATIVES AND LETTERS

Write a well-organized composition in Spanish as directed below. Follow the specific instructions
for each topic you select or are assigned. In the spaces provided, identify the topic by letter
and number (for example, A1, B3).

Each composition must consist of at least ten clauses. A clause must contain a verb, a stated
or implied subject, and additional words necessary to convey meaning. The ten clauses may
be contained in fewer than ten sentences if some of the sentences have more than one clause.

*Examples:*

| | |
|---|---|
| One clause: | Ayer salí de compras. |
| Two clauses: | Ayer salí de compras y me encontré en la calle con Juana. |
| Three clauses: | Ayer salí de compras y me encontré en la calle con Juana, quien me invitó a una fiesta en su casa. |

## A. NARRATIVES

Write a STORY in Spanish about the situation shown in each of the pictures selected by you
or assigned to you by your teacher. It must be a story about the situation in the picture, not
a description of the picture.

1 _____

_____

_____

_____

_____

_____

_____

_____

_____

_____

_____

2 _____

_____

_____

_____

_____

_____

_____

_____

_____

_____

_____

_____

3 _____

_____

_____

_____

_____

_____

_____

_____

_____

_____

_____

**4** _____

_____

_____

_____

_____

_____

_____

_____

_____

_____

_____

5 _____

_____

_____

_____

_____

_____

_____

_____

_____

_____

_____

_____

**6** _____

_____

_____

_____

_____

_____

_____

_____

_____

_____

_____

_____

7 _____

_____

_____

_____

_____

_____

_____

_____

_____

_____

_____

8 _____

_____

_____

_____

_____

_____

_____

_____

_____

_____

_____

9 _____
_____
_____
_____
_____
_____
_____
_____
_____
_____
_____
_____

**10** _____

_____

_____

_____

_____

_____

_____

_____

_____

_____

_____

_____

_____

# B. FORMAL LETTERS

Write a LETTER in Spanish. Follow the specific instructions for each topic selected by you or assigned by your teacher. Please note that the dateline, salutation, and closing will *not* be counted as part of the required ten clauses.

1  You are planning to study in Madrid during the forthcoming summer. Your Spanish teacher has given you the name of a family with whom you can live. Write a letter to the family in which you discuss this matter and request information about the family and its home.

   The suggested subtopics are: reason for writing the letter; how you learned about the family; when you plan to be in Madrid; the length of your stay; information about the family; what it will provide (meals, laundry, etc.); proximity to the school, shopping, museums, movies, etc.; the cost; the possibility of living with the family; concluding statement.

   You may use ideas suggested by any or all of the subtopics listed above or you may use your own ideas. Either way, you must accomplish the purpose of the letter, which is *to obtain information about the family and its home.*

*Use the following:*

Dateline:    el — de — de 19 —
Salutation:  Estimada familia —:
Closing:     Cordialmente,

_____

_____

_____

_____

_____

_____

_____

_____

_____

**2**   You are studying in Caracas and have extensively used the library facilities at the school. One of the librarians has been very helpful to you. Write a letter in Spanish to the director of the library in which you commend this librarian.

The suggested subtopics are: why you are praising him/her; the frequency with which you used the library; an example of the service; something about the librarian; how you feel about the service; what you think the director should do; concluding statement.

You may use ideas suggested by any or all of the subtopics listed above or you may use your own ideas. Either way, you must accomplish the purpose of the letter, which is *to commend the services of this librarian.*

*Use the following:*

Dateline:    el — de — de 19 —
Salutation:  Muy señor mío:
Closing:     Respetuosamente,

_____

_____

_____

_____

_____

_____

_____

_____

_____

_____

_____

_____

_____

**3** While visiting Lima, you received a ticket for passing a red light. You do not feel that you deserved this ticket. Write a letter to the judge in which you try to convince him/her of your innocence.

The suggested subtopics are: reason for writing the letter; the date the incident occurred; where it happened; what happened; what you told the police officer; what he told you; information about your driving record; witnesses; your expectations; concluding statement.

You may use ideas suggested by any or all of the subtopics listed above or you may use your own ideas. Either way, you must accomplish the purpose of the letter, which is *to convince the judge that you do not deserve this ticket.*

*Use the following:*

Dateline:    el — de — de 19 —
Salutation:  Distinguido(a) señor(a) juez:
Closing:     Respetuosamente,

_____

_____

_____

_____

_____

_____

_____

_____

_____

_____

_____

_____

**4** You are planning to visit Buenos Aires, and are very interested in learning the tango while you are there. Write a letter in Spanish to the Argentine Tourist Office requesting information on this topic.

After you have stated the purpose of your letter, you may wish to ask about available schools; the cost; the length of each lesson; sites where you can practice; how to preregister for them; where you can see demonstrations. You may wish to express your gratitude as a concluding statement.

You may use ideas suggested by any or all of the subtopics listed above or you may use your own ideas. Either way, you must accomplish the purpose of the letter, which is *to obtain information about tango schools in Buenos Aires.*

*Use the following:*

Dateline:     el — de — de 19 —
Salutation:   Muy señores míos:
Closing:      Respetuosamente,

_____

_____

_____

_____

_____

_____

_____

_____

_____

_____

_____

_____

_____

**5** You purchased a new camera, but the quality of the pictures it takes is not to your liking. Write a letter to the company in which you ask for advice about improving the quality of the pictures you take with this camera.

After you have explained the purpose of your letter, you may wish to ask for advice about taking good pictures; the amount of light needed; where to take them; the type of film to use; the distance of the subject from the camera; special features on the camera with which you are not familiar; what you should not do.

You may use ideas suggested by any or all of the subtopics listed above or you may use your own ideas. Either way, you must accomplish the purpose of the letter, which is *to ask for advice about improving the pictures you take with this camera.*

*Use the following:*

Dateline:     el — de — de 19 —
Salutation:   Muy señores míos:
Closing:      Respetuosamente,

_____

_____

_____

_____

_____

_____

_____

_____

_____

_____

_____

_____

**6** You are thinking about working as a counselor in a summer language camp. Write a letter in Spanish to your teacher asking for advice about applying for such a position.

After you have explained the purpose of your letter, you may wish to ask for advice about where such camps are located; requirements for the job; job responsibilities; salary; duration of such programs; and a recommendation.

You may use the ideas suggested by any or all of the subtopics suggested above or you may use your own ideas. Either way, you must accomplish the purpose of the letter, which is *to ask for advice about applying for a job at a summer language camp.*

*Use the following:*

Dateline:   el — de — de 19 —
Salutation:   Estimado profesor/Estimada profesora:
Closing:   Cordialmente,

_____

_____

_____

_____

_____

_____

_____

_____

_____

_____

_____

_____

_____

**7** You are applying for a scholarship to study in Ecuador during the summer. Write a letter in Spanish to the director of the scholarship committee in which you try to convince him/her that you should be awarded the scholarship.

After explaining the purpose of your letter, you may wish to give information about yourself, qualifications, strengths, interests, future plans, and how you will use this experience. You may also wish to express your gratitude for the committee's consideration of your application.

You may use ideas suggested by any or all of the subtopics suggested above or you may use your own ideas. Either way, you must accomplish the purpose of the letter, which is *to convince the committee to award the scholarship to you.*

*Use the following:*

Dateline:    el — de — de 19 —
Salutation:  Distinguido director/Distinguida directora:
Closing:     Respetuosamente,

_____

_____

_____

_____

_____

_____

_____

_____

_____

_____

_____

_____

**8**   You made a purchase from a mail-order company and now you would like to return it. Write a letter in Spanish in which you ask for information on how to return the item.

   After you have explained the purpose of your letter, you may wish to mention why you want to return the item, when it was ordered, price, form of payment, the return service you desire (credit, refund, another item), where to send it, and how to ship it.

   You may use ideas suggested by any or all of the subtopics suggested above or you may use your own ideas. Either way, you must accomplish the purpose of the letter, which is *to obtain information on how to return an item to the company.*

*Use the following:*

Dateline:    el — de — de 19 —
Salutation:  Muy señor mío:
Closing:     Atentamente,

_____

_____

_____

_____

_____

_____

_____

_____

_____

_____

_____

_____

_____

**9**   You are working on a current-events project on Chile for your Spanish class. Write a letter to your pen pal in Chile asking him/her to send you current materials in Spanish.

After you have explained the purpose of your letter, you may wish to mention the theme of the project, why you chose it, the type of materials you need, when it is due, and how you will present it. You may also wish to express your gratitude for your friend's assistance.

You may use ideas suggested by any or all of the subtopics suggested above or you may use your own ideas. Either way, you must accomplish the purpose of the letter, which is to try *to convince your friend to send you the materials you need.*

*Use the following:*

Dateline:   el — de — de 19 —
Salutation:   Querido(a) ———:
Closing:   Un abrazo fuerte,

_____

_____

_____

_____

_____

_____

_____

_____

_____

_____

_____

**10**   You and some friends would like to spend some time in Cancún, a Mexican resort area. Write a letter in Spanish to the Mexican Tourist Office and ask for information.

After you have stated the purpose of your letter, you may wish to inquire about means of transportation, places to stay and eat, things to see and do, the best time of the year to travel there, the weather to expect, and local holidays and celebrations.

You may use ideas suggested by any or all of the subtopics suggested above or you may use your own ideas. Either way, you must accomplish the purpose of the letter, which is *to ask for information about vacationing in Cancún.*

*Use the following:*

Dateline:     el — de — de 19 —
Salutation:   Distinguido señor Obregón:
Closing:      Atentamente,

_____

_____

_____

_____

_____

_____

_____

_____

_____

_____

_____

_____

_____

_____

# VOCABULARIO

**abarcar** to clasp, grasp, embrace, comprise, include

**abarrotar** to cram, pack; to overstock

**abastecer** to provision, supply

**abordar** to approach

**abrumador** overwhelming; oppressive, fatiguing

**aburrido** boring, tedious

**aburrir** to bore, tire

**acabar** to finish, end; **acabar de** to have just

**acción** f. stock, share

**aceite** m. oil

**acelerar** to accelerate; to hasten

**acercar** to approach; to draw near

**acertado** right, proper

**acertar** to hit the mark; to guess right

**acierto** m. good aim, hit; good guess; prudence; success

**acomodar** to accommodate, take in; to place; to suit, fit

**aconsejable** advisable

**acontecimiento** m. happening, event

**acrecentar** to increase

**actualidad** f. present time

**adelgazar** to make thin or slender; to lose weight

**adiestrarse** to train oneself; to practice

**adormecer** to cause sleep

**adormilarse** to drowse

**adorno** m. adornment; ornament; trimming

**adquirir** to acquire

**advertir** to notice, realize

**aeronave** f. airship, plane

**afeitarse** to shave

**afición** f. fondness, liking; hobby

**aficionado** m. fan, devotee

**afinar** to perfect, polish; to tune

**afrontar** to confront, face

**afueras** f. pl. suburbs, outskirts

**agotar** to exhaust, use up, sell out

**agregar** to add, join, attach

**aguantar** to restrain, hold back; to bear, endure, sustain

**ahogarse** to drown

**ahorro** m. economy; pl. savings

**ajeno** alien; another's

**albergue** m. lodging; hotel

**alcalde** m. mayor

**alcanzar** to attain, reach

**alfabetización** f. literacy

**alfabetizar** to make literate

**alianza** f. alliance; agreement

**alimentación** f. feeding; meals; nourishment

**alimentar** to feed, nourish

**alimenticia** nourishing; food

**alimento** m. food, nourishment

**alistar** to prepare, make ready

**alma** f. soul

**almacenar** to store, store up

**alojamiento** m. lodging; quarters; housing

**alpinista** m. or f. mountain climber

**alquiler** m. rent, rental

**alterar** to alter, change

**altibajos** m. pl. ups and downs

**amable** amiable, kind

**ambiental** atmospheric, environmental

**ambiente** m. environment, setting, atmosphere

**ambos** both

**amenaza** f. threat

**amenazar** to threaten

**amontonado** crowded

**andar** to walk, go

**anhídrido carbónico** m. carbon dioxide

**anteayer** the day before yesterday

**antemano** beforehand

**antigüedad** f. antiquity

**antojo** m. caprice, whim, notion, fancy

**apagar** to shut off, extinguish

**aparato** m. apparatus, device

**apellido** m. family name, surname

**apertura** f. opening

**aplazar** to postpone

**apodo** *m.* nickname
**aportación** *f.* contribution
**apostar** to bet, wager
**apoyado** supported, backed
**apoyar** to support, back
**apreciado** esteemed
**apresurarse** to hurry up, make haste
**apretar** to squeeze; to press, press down
**aprovechamiento** *m.* use, development; progress, improvement
**aprovecharse (de)** to take advantage of
**apto** fit, suitable
**apuntar** to aim; to point out, mark; to note
**árbitro** *m.* umpire, referee
**arcaizante** archaic
**arcilla** *f.* clay
**ardiente** burning, hot
**arena** *f.* sand
**arenoso** sandy
**armar** to assemble, set up, mount
**arrimarse** to go near; to lean against; to seek the protection of; to associate with
**arrojar** to throw, hurl, cast; to expel, throw out
**arrullar** to lull or sing to sleep
**artificiero** *m.* firework maker
**ascensor** *m.* elevator
**asegurar** to make sure
**asentarse** to settle
**asimismo** in like manner, likewise, so too
**asombroso** astounding, amazing, wonderful
**atado** tied
**aterrizar** to land
**atraco** *m.* assault, robbery
**atrasar** to delay; to be late

**atribuir** to attribute; to assume
**atún** *m.* tuna
**audición** *f.* hearing
**auditivo** auditive
**auge** *m.* culmination, supreme height
**aula** *f.* classroom, lecture room
**aumentar** to increase
**auricular** *m.* earphone
**auspiciar** to sponsor, promote
**autodidacta** *m.* self-taught
**auxiliar** to help, assist
**averiguar** to inquire, find out
**aversión** *f.* aversion, dislike, loathing
**avivar** to enliven, stir up
**ayuntamiento** *m.* town council; town hall

**balneario** *m.* spa
**bancarrota** *f.* bankruptcy
**barrio** *m.* district
**barro** *m.* clay
**bastar** to be enough
**basura** *f.* garbage
**beca** *f.* scholarship
**becerro** *m.* calf, young bull
**bendición** *f.* blessing
**bienestar** *m.* well-being, comfort
**bienvenida** *f.* welcome
**bolsa** *f.* stock market, stock exchange
**bombero** *m.* fireman
**bosque** *m.* forest, wood
**bote** *m.* can, jar
**brindar** to toast; to offer
**brusco** rude, gruff; sudden

**caballete** *m.* easel
**caber** to fit
**cabo** *m.* end; **llevar a cabo** to carry out

**cadena** *f.* chain
**caer** to fall; **caer del cielo** to fall from the sky
**caja** *f.* cashier's office *or* desk
**cajera** *f.* cashier, teller
**calentamiento** *m.* heating; warming
**cálida** warm, hot
**calidad** *f.* quality
**calificar** to qualify, rate
**calvicie** *f.* baldness
**calzado** *m.* footwear, shoes
**camarón** *m.* shrimp
**camión** *m.* truck
**campaña** *f.* campaign
**campeonato** *m.* championship
**canal** *m.* channel (television)
**cananeo** Canaanite
**cancha** *f.* court
**cansancio** *m.* fatigue
**cantidad** *f.* quantity
**capa** *f.* cloak; stratum
**capacitación** *f.* qualification; training
**capaz** capable, able, competent
**capilla** *f.* chapel
**capitalino** from or pertaining to the capital
**capricho** *m.* whim, fancy
**cárcel** *f.* jail, prison
**cargo** *m.* charge; load
**caricia** *f.* caress
**caridad** *f.* charity
**carrera** *f.* race; career
**carretera** *f.* highway
**carroza** *f.* float; coach, carriage
**cartelazo** *m.* bill, poster, placard
**caso** *m.* case; event; **hacer caso omiso de** to pay no attention to
**castizo** *m.* traditional; pure-blooded; correct

**catalán** Catalan, Catalonian
**cátedra** *f.* chair (*seat of the professor*); professorship
**caza** *f.* hunting, chase
**centenar** *m.* hundred
**cerebro** *m.* brain
**cervecería** *f.* brewery
**cervecero** *m.* brewer; pertaining to beer
**cicatriz** *f.* scar
**ciento** hundred; **por ciento** percent
**cierre** *m.* closing; shutting, locking
**cierta** certain
**ciudadanía** *f.* citizenship
**cobijar** to cover, shelter, give shelter
**cobrar** to charge
**cola** *f.* tail; **hacer cola** to stand in line
**colchón** *m.* mattress
**colgar** to hang, suspend
**colocar** to place
**comentar** to comment
**comodidad** *f.* comfort, convenience, ease
**compartido** shared
**compartir** to share
**competencia** *f.* competition, rivalry
**comportamiento** *m.* behavior, conduct
**comprimido** compressed
**comprobar** to verify; to prove
**compromiso** *m.* commitment, obligation
**compuesto** *m.* compound
**concebir** to conceive; to entertain an idea
**concejo** *m.* municipal council of a small town; municipality; council meeting
**concertado** agreed

**conciliar** to reconcile; **conciliar el sueño** to get to sleep
**concurso** *m.* contest, competition
**condado** *m.* county
**conferencia** *f.* lecture; meeting
**confianza** *f.* confidence, trust
**congelar** to freeze
**congestionado** congested
**congregar** to assemble; to congregate
**conjunto** *m.* group, ensemble; whole, total
**conmemorarse** to commemorate
**conmocionar** to cause a commotion, disturbance
**consejo** *m.* advice; council
**conserje** *m.* janitor, concierge
**constar** to consist of
**contradecirse** to contradict
**contraseña** *f.* password
**convocatoria** *f.* notice of meeting; summons
**copa** *f.* top of a tree; wineglass
**cordillera** *f.* mountain range
**correa** *f.* leather strap; belt
**corredor** *m.* passage, corridor
**corregir** to correct
**correo** *m.* mail
**corretear** to run around
**corrida** *f.* course, race; **corrida de toros** bullfight
**corriente** current; present; common
**corsario** *m.* pirate
**cortadura** *f.* cut, incision, slit, slash
**corte** *f.* court
**cortometraje** *m.* short (film)
**cosecha** *f.* harvest, crop
**cotidiano** daily, everyday

**cotización** *f.* quotation; value, current price, price list
**crear** to create
**crecer** to grow
**crecimiento** *m.* growth; increase
**creencia** *f.* belief
**crianza** *f.* rearing, bringing up
**criar** to bring up, educate, rear, breed
**cruce** *m.* crossing; crossroads
**cuadro** *m.* painting, picture
**cubo** *m.* bucket, pail
**cuello** *m.* neck
**cuenta** *f.* account; note; **tener en cuenta** to take into account, bear in mind; **darse cuenta de** to realize
**cuerda** *f.* rope
**cuestión** *f.* question; problem; matter
**cuidado** *m.* care
**cumbre** *f.* summit, top
**cuna** *f.* cradle; place of birth
**curso** *m.* course; **en curso** in progress

**charanga** *f.* brass band
**charla** *f.* chat, talk
**chisme** *m.* piece of gossip
**chismear** to gossip, tattle, bear tales
**chismografía** *f.* gossip, tattle
**chocar** to clash, collide

**dañar** to harm, damage, injure, hurt
**daño** *m.* harm, damage, injury; **hacer daño** to harm

**dar** to give; **dar de baja** to dismiss from a list of members, muster out; **dar con** to find, meet; **dar por sentado** to take for granted

**dato** *m.* fact, data; document

**débil** weak

**debilitamiento** *m.* weakening

**decrecer** to decrease, diminish

**dejarse** to abandon oneself; to neglect oneself

**deleitar** to delight, please

**deleite** *m.* pleasure, delight, joy

**demandar** to use; to demand, ask for

**demasiado** too much

**demora** *f.* delay

**denominado** named, called, entitled

**denuncia** *f.* denouncement; accusation; charge

**deparar** to offer, present; to cause

**dependiente** *m.* clerk, employee

**deprimente** depressive

**derecho** *m.* right

**derrapar** to skid

**derrochar** to waste, squander

**derrota** *f.* defeat

**derrumbar** to throw down; to tumble down

**desafío** *m.* challenge

**desalojar** to evacuate

**desaparecido** missing

**desarrollado** developed

**desarrollar** to develop; to unroll, unwind

**desatendido** neglected

**descargar** to unload

**descenso** *m.* decrease

**desconfiar** to mistrust

**descorrer** to draw back

**descubrimiento** *m.* discovery, find

**desempeñar** to carry out; **desempeñar un papel** to play a part

**desempleo** *m.* unemployment

**desfile** *m.* parade

**deslizarse** to slide, glide, slip

**desorbitado** out of control

**despertador** *m.* alarm clock

**despertarse** to wake up

**despilfarro** *m.* waste, extravagance

**desplazamiento** *m.* displacement

**desplazar** to displace

**despliegue** *m.* unfolding; displaying; deployment

**despreciar** to despise, scorn; to reject

**destacado** outstanding

**destacarse** to stand out

**destreza** *f.* skill

**desviar** to deviate, detour

**dibujado** drawn, sketched

**dictar** to dictate; to prescribe

**dicho** said, mentioned

**dichoso** happy, lucky

**difundir** to diffuse; to reveal, spread

**dilatado** vast, extensive; expanded; drawn out

**dirigir** to direct

**disculpa** *f.* apology

**diseño** *m.* design

**disertar** to discuss

**disfraz** *m.* disguise, mask

**disfrutar** to enjoy, benefit by; to have the use/benefit of

**disimular** to dissimulate; to disguise, conceal; to overlook

**disminuir** to decrease, lessen, diminish

**disparado** fired, let off

**disparar** to hurl, throw; to shoot

**disponer** to prepare, get ready

**disponible** available, ready

**dispositivo** *m.* device

**dispuesto** disposed; prepared, ready

**disquete** *m.* diskette

**divertir** to amuse, entertain

**divulgar** to divulge; to popularize

**docente** educational, teaching

**documental** documentary

**doler** to ache, hurt, pain

**dolor** *m.* pain, ache

**domador** *m.* tamer

**domicilio** *m.* home; residence

**donante** *m.* donor

**dorado** golden, gilt

**dotado** endowed, gifted

**ducharse** to take a shower

**duelo** *m.* duel

**duplicar** to double, duplicate

**duradero** lasting, durable

**echar** to throw, cast; **echar a perder** to spoil; **echar de menos** to miss

**edad** *f.* age

**efectivo** actual, real; **en efectivo** in cash

**efectuarse** to take place

**ejército** *m.* army

**elegir** to choose, select, elect

**elogiar** to praise

**embotellamiento** *m.* stoppage, jam, traffic jam, obstruction

**embriagador** intoxicating, inebriating

**emisión** *f.* broadcast

**emisora** *f.* broadcasting station

**emitir** to broadcast

**empeñar** to pawn; to engage;
    **empeñarse en** to insist
    on
**empírico** empirical
**empresa** *f.* enterprise,
    company, firm
**encargar** to entrust; to order
**encargarse de** to take charge
    of
**encender** to light
**encerrar** to enclose, contain
**encierro** *m.* lock-up, shutting
    in or up
**encomendero** *m.* holder of an
    **encomienda** (Indian
    territory committed to
    the care of a Spanish
    colonist)
**encrespar** to stir up; to anger,
    irritate
**encuesta** *f.* survey, inquiry
**enfrenar** to brake, stop
**enfrentarse** to face
**enojo** *m.* anger
**ensayo** *m.* rehearsal; test,
    experiment; essay
**entablar** to start
**entidad** *f.* entity; value
**entraña** *f.* entrails, innermost
    part
**entregarse** to give up,
    surrender; to abandon
    oneself
**entrenamiento** *m.* training
**entrenar** to train
**entretenimiento** *m.* pastime,
    entertainment,
    amusement
**entrevista** *f.* interview
**envejecimiento** *m.* aging
**envenenamiento** *m.* poisoning
**envidia** *f.* envy
**envío** *m.* shipment
**época** *f.* epoch, age, time
**equilibrar** to balance, equalize

**equiparar** to compare, put on
    the same level
**equipo** *m.* team
**equivocación** *f.* mistake,
    error
**escafandra** *f.* diving suit
**escala** *f.* scale
**escalera** *f.* staircase
**escapatoria** *f.* escape,
    loophole; excuse
**escaso** scarce, scant; short
**escenario** *m.* stage
**escoger** to choose
**escoltado** escorted
**escombro** *m.* rubbish; ruins
**escuadra** *m.* squad
**esfuerzo** *m.* effort
**esmerado** careful,
    conscientious,
    painstaking
**esmero** *m.* great care
**esparcimiento** *m.* relaxation
**espectáculo** *m.* show
**espeso** thick, dense
**espuma** *f.* foam
**esquema** *f.* scheme, plan
**estancia** *f.* stay
**estante** *m.* shelf, bookcase
**estimación** *f.* esteem; estimate
**estirar** to stretch, extend,
    lengthen
**estival** summery
**estrechamente** closely,
    intimately
**estrenar** to use or do for the
    first time; to make one's
    debut
**estrépito** *m.* din, deafening
    noise
**estribillo** *m.* refrain
**estropeo** *m.* ruin, damage
**evento** *m.* event; chance,
    happening
**exactitud** *f.* accuracy,
    exactness

**exento** exempt
**exigir** to require, demand,
    need
**existencia** *f.* stock of
    merchandise on hand;
    goods
**éxito** *m.* success
**expectativa** *f.* expectation,
    hope
**experimentar** to experience,
    undergo; to try
**expresionismo** *m.*
    Expressionism
**extranjero** foreign
**extraño** strange

**fábrica** *f.* factory
**fabricación** *f.* manufacture;
    make
**faena** *f.* work; job, task
**falsificador** *m.* counterfeiter
**falta** *f.* lack
**faltar** to lack
**felicitar** to congratulate
**feria** *f.* fair
**festejar** to celebrate
**fiel** faithful, loyal, true; *m.*
    faithful
**fiera** *f.* wild beast
**fijarse** to notice, pay attention
**fijo** fixed, set, firm
**finca** *f.* property, land, house
**fingir** to pretend, feign
**firmar** to sign
**flamear** to wave, flutter
**florecer** to flower, bloom,
    blossom
**foco** *m.* focus, center;
    headlight
**fondos** *m. pl.* funds
**formación** *f.* training,
    education
**formulario** *m.* form,
    application

**fortalecer** to fortify, strengthen
**fortín** *m.* small fort
**fosa** *f.* grave; cavity
**frenar** to brake; to stop
**fuente** *f.* fountain; source
**fuera** out, outside; **fuera de** out of, outside of, away from
**funcionar** to function, work, run
**fundar** to found; to establish

**gabinete** *m.* cabinet; office
**gafas** *f. pl.* eyeglasses
**ganar** to win
**garlito** *m.* trap, snare
**gerente** *m.* manager
**gira** *f.* trip, excursion, tour
**globo** *m.* balloon
**golpe** *m.* beat
**gozar (de)** to enjoy
**gracioso** funny, amusing
**grasa** *f.* grease; fat
**gratis** free, for nothing
**grato** agreeable, pleasant
**grito** *m.* scream; **poner el grito en el cielo** to complain loudly
**guerrero** *m.* warrior, soldier

**habitáculo** *m.* habitation, dwelling place
**hallazgo** *m.* find, finding, discovery
**harto** tired, sick (of); fed up (with)
**hazaña** *f.* deed, feat, achievement
**hecho** *m.* fact, happening; deed, act, feat; **de hecho** in fact, as a matter of fact
**helado** icy, frozen
**heredar** to inherit
**heredero** *m.* heir

**herida** *f.* wound
**herido** wounded
**hidalguense** *m.* native or inhabitant of Hidalgo, Mexico; of or from Hidalgo
**hipoteca** *f.* mortgage
**hispanohablante** *m.* speaker of Spanish
**historieta** *f.* short story, tale
**hogar** *m.* home
**homenaje** *m.* homage; respect
**honrar** to honor
**horario** *m.* timetable
**hueco** empty; hollow
**huelga** *f.* strike

**iglesia** *f.* church
**imagen** *f.* statue; image
**impermeable** waterproof; *m.* raincoat
**imponerse** to assert oneself
**imprescindible** indispensable
**imprimir** to print
**impuesto** *m.* tax
**inadvertido** unnoticed, unseen
**incapacitado** *m.* incapable, incompetent
**incendio** *m.* fire
**incienso** *m.* incense; reverence
**inconsecuente** inconsequential; inconsistent
**incorporar** to incorporate, include, combine
**inculcar** to impress, teach
**indicio** *m.* indication; evidence
**indígena** indigenous, native
**infarto** *m.* stroke
**inflar** to inflate, blow up
**informática** *f.* data processing
**ingeniero** *m.* engineer
**ingerir** to ingest; to take in

**inscribir** to inscribe, register
**insólito** unusual
**inspirar** to inspire
**intercambio** *m.* interchange
**interruptor** *m.* switch
**intervenir** to intervene; to intercede
**intruso** *m.* intruder
**invernadero** *m.* greenhouse
**invernal** wintry, winter
**inversión** *f.* inversion; investment

**jaiba** *f.* crab
**jardinería** *f.* gardening
**jaula** *f.* cage
**jefe** *m.* chief, leader
**jeroglífico** hieroglyphical
**jornada** *f.* workday; event
**joya** *f.* jewel; gem
**juego** *m.* game; **juego de azar** game of chance
**juguetería** *f.* toy store
**juicio** *m.* judgement; opinion
**junta** *f.* board, council
**junto a** close to, next to
**jurado** *m.* jury, panel

**lancha** *f.* boat
**lanzarse** to throw oneself
**lectura** *f.* reading
**lejano** far, distant, remote
**lema** *m.* slogan, motto
**levantamiento** *m.* uprising, revolt, insurrection
**ley** *f.* law
**lienzo** *m.* canvas
**liga** *f.* league, alliance
**ligar** to tie, bind, unite
**ligero** light; fast
**lío** *m.* mess, tangle
**lóbrego** dark, gloomy, sad
**localidad** *f.* seat (*in a theater*); location

**locutor** *m.* radio announcer
**lograr** to succeed in, manage to
**logro** *m.* achievement, success
**lucir** to shine; to show, display
**lugar** *m.* place; **tener lugar** to take place
**lujo** *m.* luxury
**lustro** *m.* period of five years
**luz** *f.* light

**llama** *f.* flame, blaze
**llanta** *f.* tire
**llenar** to fill (out)

**madrugada** *f.* dawn, daybreak; early morning
**magistral** masterly
**manera** *f.* manner, way, mode
**máquina** *f.* machine
**marca** *f.* mark, brand
**marcar** to dial (*a number*); to stamp
**marco** *m.* frame
**marisco** *m.* shellfish
**marjal** *m.* marsh, moor, swamp
**materia** *f.* subject, topic
**matizar** to shade; to blend
**mayor** bigger, greater, larger; older
**mayoría** *f.* majority
**medida** *f.* measure, measurement
**medio** *m.* medium; ambiente
**medir** to measure
**mejorar** to improve, better
**menor** *m.* underage; minor
**menospreciar** to undervalue, underrate; to despise, scorn
**mentir** to lie
**mentira** *f.* lie

**merecer** to deserve, be worthy of
**merecido** deserved
**mesón** *m.* inn
**meta** *f.* aim, purpose
**metraje** *m.* length in meters; **cortometraje** short (film); **largo metraje** full-length film
**mezcla** *f.* mixture
**miel** *f.* honey
**milagro** *m.* miracle, wonder
**mira** *f.* aim, purpose, intention
**misa** *f.* mass
**moderar** to moderate, temper, restrain
**modo** *m.* manner, way
**moneda** *f.* coin; money
**monja** *f.* nun, sister
**monografía** *f.* monograph
**movilizar** to mobilize
**mueble** *m.* piece of furniture
**muelle** *m.* dock, pier
**multar** to fine
**municipio** *m.* municipality, town
**muñeca** *f.* doll; wrist
**muro** *m.* wall

**natalidad** *f.* birthrate
**neblina** *f.* fog
**nefasto** sad, ominous
**negar** to deny; to refuse
**negocio** *m.* business
**nítido** clear, neat
**nivel** *m.* level
**nocivo** noxious; harmful
**noticia** *f.* news, report; **tener noticia de** to be informed of
**noticiero** *m.* newscaster; **noticiero deportivo** sportscaster

**novedad** *f.* novelty, newness, change
**nuevo** new, novel; **de nuevo** again, anew, once more

**obra** *f.* work
**obrero** *m.* worker
**obsequio** *m.* present, gift, treat
**odisea** *f.* journey
**oficiante** *m.* one that officiates at a religious ritual
**oficio** *m.* occupation, profession
**oleaje** *m.* surge, succession of waves, motion or rush of waves
**óleo** *m.* oil
**olfato** *m.* smell
**olmeca** of or relating to a Mexican-Indian people that in Pre-Hispanic times lived in what is today Veracruz-Llave
**olor** *m.* smell, odor
**olvidar** to forget
**onda** *f.* wave
**oprimir** to oppress, crush, press down
**orgulloso** proud
**oro** *m.* gold
**otorgar** to award; to give

**padecer** to suffer
**país** *m.* country
**paisaje** *m.* landscape, scenery
**palabra** *f.* word
**palanca** *f.* lever
**palo** *m.* stick, pole
**pantalla** *f.* screen
**pantano** *m.* swamp, marsh
**pañuelo** *m.* handkerchief
**papel** *m.* part, role
**paracaídas** *m.* parachute

**pared** *f.* wall

**pareja** *f.* couple

**pareo** *m.* pairing, coupling

**paro** *m.* suspension of work; shutdown

**párroco** *m.* parson, parish priest

**parroquiano** *m.* parishioner

**partido** *m.* game, match; party, group

**pasatiempo** *m.* pastime; hobby

**paso** *m.* step, pace, footstep

**pastar** to pasture, graze

**patíbulo** *m.* scaffold

**pegado** stuck, glued, fastened

**peligro** *m.* danger, peril, risk

**pelo** *m.* hair; **tomar el pelo** to pull one's leg, trick

**peluche** plush

**pena** *f.* penalty, punishment; pain, grief, trouble

**pendiente** *f.* slope, incline

**pérdida** *f.* loss

**periodicidad** *f.* periodicity, regular recurrence

**perjudicar** to hurt, damage, injure, impair

**perjudicial** harmful, prejudicial

**permanecer** to remain, stay

**pertenecer** to belong

**peso** *m.* weight

**picado** *m.* nosedive; **caer en picada** to dive

**picar** to pierce; to prick

**piel** *f.* skin, fur

**pincel** *m.* brush (for painting)

**piropo** *m.* compliment, flattery

**piscina** *f.* swimming pool

**piso** *m.* floor

**pista** *f.* runway, landing field; trail, track

**placa** *f.* plate

**plasmado** made, moulded, shaped

**poderoso** powerful

**polinización** *f.* pollination; **polinización cruzada** cross pollination

**portador** *m.* bearer, carrier

**potencia** *f.* potency; power

**potosino** *m.* native or inhabitant of Potosí, Bolivia

**prado** *m.* field, meadow, lawn

**precavido** cautious, wary

**predilecto** favorite

**premiar** to reward, award a prize to

**premio** *m.* prize

**prensa** *f.* press; journalism; daily press

**presenciar** to witness, watch, see

**presión** *f.* pressure

**préstamo** *m.* loan

**presuntuoso** presumptuous, conceited

**prevenir** to prevent; to prepare beforehand; to warn

**prever** to forecast; to anticipate

**previsto** anticipated, foreseen

**primordial** primal, fundamental

**principiante** *m.* beginner

**privación** *f.* want, lack; deprivation, deprival

**probar** to prove, test, try out

**procedencia** *f.* origin, source

**promedio** *m.* average

**promover** to promote, start

**pronosticado** forecasted

**propiciar** to propitiate; to make favorable

**propietario** *m.* owner

**proponer** to propose, put forward

**proporcionar** to furnish, supply, give

**propósito** *m.* purpose, intention, aim

**proveer** to provide

**provisto** provided, stocked, supplied

**prueba** *f.* proof, evidence, test, trial

**pueblo** *m.* town, people

**puesto** *m.* stand, booth

**pulpo** *m.* octopus

**puñado** *m.* handful

**quebrar** to break; to go bankrupt

**quedarse** to remain, stay

**queja** *f.* complaint

**quemadura** *f.* burn, scald

**quemar** to burn

**quiosco** *m.* kiosk, newsstand

**quitar** to take away

**radicarse** to settle, reside

**raíz** *f.* root

**ramo** *m.* branch; line (of business)

**razón** *f.* reason; **tener razón** to be right

**realizar** to accomplish, carry out, do, fulfill

**rebaño** *m.* herd, flock

**recaer** to fall again; to relapse

**recaudar** to collect

**recinto** *m.* area, enclosure

**recipiente** *m.* receptacle, container

**reclamación** *f.* complaint, protest; demand

**reclamar** to demand, claim

**recogida** *f.* harvesting; picked up

**reconocimiento** *m.* acknowledgement

**recorrer** to travel

**recorrido** *m.* course, run, circuit
**recoveco** *m.* bend, twist
**rector** *m.* principal
**recurrir** to appeal, have recourse (to); to fall back (on)
**recurso** *m.* resource
**rechazo** *m.* rebound, recoil; refusal, rejection
**red** *f.* network
**regalar** to present, give
**regar** to water, irrigate
**regata** *f.* boat race
**régimen** *m.* political system; management; diet
**regir** to govern, rule, be in force
**registrarse** to register, record
**regocijar** to rejoice
**relieve** *m.* relief; embossment
**religiosa** *f.* nun
**reloj** *m.* clock, wristwatch
**relojero** *m.* watchmaker
**relleno** stuffed, filled up
**remolque** *m.* towing
**rendimiento** *m.* yield, profit
**rendir** to surrender; yield, produce
**renovar** to renew; to restore
**repentinamente** suddenly, unexpectedly
**repiqueteo** *m.* pealing, chiming
**requisito** *m.* requirement
**resbaladiza** *f.* skid; slip
**rescatar** *f.* to rescue, ransom
**rescate** *m.* rescue
**respaldar** to endorse, back, support
**respaldo** *m.* back, endorsement
**respuesta** *f.* answer, reply
**restar** to subtract; to take away

**restauración** *f.* restoration
**restos** *m. pl.* remains
**retención** *f.* retention, retaining
**retiro** *m.* withdrawal
**reto** *m.* challenge, dare
**retoño** *m.* sprout, shoot
**retornar** to return
**reunir** to assemble; to put together
**rey** *m.* king
**riesgo** *m.* risk
**rincón** *m.* corner
**rociador** *m.* sprinkler
**rodar** to shoot (*a film*)
**rodeado** surrounded, encircled
**romper** to break
**rostro** *m.* face
**ruido** *m.* noise
**rumbo** *m.* direction; course; **rumbo a** heading for

**sabroso** delicious
**sacar** to take out
**sacerdote** *m.* priest
**salir** to leave; to go out; **salirse con la suya** to get one's own way
**salto** *m.* jump, leap
**salvar** to save, rescue
**salvavidas** *m.* life belt; life preserver
**salvo** except, but; **a salvo** safe, out of danger
**sangre** *f.* blood
**sano** healthy, wholesome
**secador** *m.* dryer
**sede** *f.* seat
**sefardí** Sephardic
**seguir** to continue; to follow
**según** according to
**seguridad** *f.* security, safety
**selva** *f.* forest, jungle
**semáforo** *m.* traffic light

**semana** *f.* week; **semana santa** Holy Week
**semblanza** *f.* biographical sketch
**semejante** *m.* fellow creature
**semilla** *f.* seed
**senectud** *f.* old age, senility
**sensibilidad** *f.* sensibility
**sentido** *m.* sense; feeling
**señalar** to point out, show
**sepultura** *f.* tomb
**siglo** *m.* century
**simulacro** *m.* simulation; an image of something
**sin** without; **sin embargo** nevertheless
**siniestro** *m.* disaster, damage, loss
**sobrepeso** *m.* overweight
**sobresaliente** outstanding; excellent
**sobrevivencia** *f.* survival
**socorro** *m.* help, assistance
**soler** to be accustomed to
**solicitar** to solicit, ask for
**soltar** to loosen
**someter** to submit, subject
**sonido** *m.* sound
**soñar** to dream; **soñar con** to dream of
**soportar** to support; to endure, bear
**sordomudo** *m.* deafmute
**súbitamente** suddenly
**suceso** *m.* event, happening
**sucursal** *f.* branch
**sueco** Swedish
**sueldo** *m.* salary, pay
**suelo** *m.* ground, soil, land
**suerte** *f.* luck, chance, fortune
**sugerir** to suggest, hint
**suizo** Swiss
**sumergir** to submerge, sink
**superar** to surpass, exceed

**superviviente** *m.* or *f.* survivor
**sustancioso** substantial

**taller** *m.* workshop, factory, studio
**tamaño** *m.* size
**tambor** *m.* drum
**tanteo** *m.* trial and error
**tapiz** *m.* tapestry, hanging
**taquilla** *f.* box office
**tararear** to hum
**tarifa** *f.* rate, tariff
**tasa** *f.* rate; measure
**techo** *m.* ceiling, roof
**techumbre** *f.* ceiling; roof
**teja** *f.* tile, slate
**tejido** *m.* texture; tissue
**televidente** *m.* television viewer
**tema** *m.* theme, subject
**temor** *m.* fear, dread, suspicion
**templado** temperate
**temporada** *f.* season, period of time
**terreno** *m.* land; **terreno de golf** golf course
**tipo** type
**tirar** to pull down
**titiritero** *m.* puppeteer
**tomo** *m.* volume, tome

**torcer** to twist, bend
**tormenta** *f.* storm, tempest
**torre** *f.* tower
**tramo** *m.* tract, stretch (of road)
**transcurrir** to pass, elapse
**transitar** to pass, go, walk
**transmitir** to transmit; to broadcast
**tras** after, behind
**trasladar** to move, remove
**tratado** *m.* treaty, agreement
**tribulación** *f.* trouble
**trigo** *m.* wheat
**triunfo** *m.* triumph
**tropezar** to trip, stumble; to meet, come across
**trozo** *m.* piece, bit
**tuna** *f.* musical band of students; minstrels

**ubicar** to lie, be situated
**umbral** *m.* threshold
**único** only, sole
**usuario** *m.* user
**utilidad** *f.* usefulness; benefit

**vacío** empty, void
**valía** *f.* value, worth, influence
**valioso** valuable
**valorado** valued

**vapor** *m.* steam
**vecino** *m.* neighbor; resident, inhabitant
**vencedor** *m.* winner
**venidero** future, forthcoming
**venta** *f.* sale; selling
**veraniego** (pertaining to) summer
**verdad** *f.* truth
**verónica** *f.* pass used in a bullfight
**verter** to shed, cast
**vez** *f.* time; occasion; **en vez de** instead of; **a la vez** at the same time
**vía** *f.* path, road
**vigencia** *f.* duration; state of being in force or in use
**vigente** in force, in use
**vigor** *m.* vigor; **en vigor** in effect
**vinculado** tied, attached
**vista** *f.* sight
**vivienda** *f.* dwelling, housing
**viviente** living, alive
**vocablo** *m.* word, term
**volante** *m.* steering wheel
**volar** to fly
**voto** *m.* wish, prayer; vote
**vuelo** *m.* flight

**zozobrar** to capsize, sink